中学图书馆文库

所　思

张申府　著

生活·讀書·新知 三联书店

图书在版编目（CIP）数据

所思／张申府著. —北京：生活·读书·新知三联书店，
2014.6
（中学图书馆文库）
ISBN 978－7－108－04870－7

Ⅰ. ①所… Ⅱ.①张… Ⅲ.①现代哲学－研究－中国
Ⅳ.① B261.5

中国版本图书馆 CIP 数据核字（2014）第 035262 号

责任编辑　王　竞
装帧设计　蔡立国
责任印制　徐　方
出版发行　**生活·讀書·新知** 三联书店
　　　　　（北京市东城区美术馆东街 22 号 100010）
网　　址　www.sdxjpc.com
经　　销　新华书店
印　　刷　北京鹏润伟业印刷有限公司
版　　次　2014 年 6 月北京第 1 版
　　　　　2014 年 6 月北京第 1 次印刷
开　　本　787 毫米×1092 毫米　1/32　印张 7.875
字　　数　128 千字
定　　价　30.00 元
（印装查询：01064002715；邮购查询：01084010542）

张申府（1893—1986），名崧年，河北沧县人。幼时接受严格的私塾教育，有扎实的中学功底，1913年入北京大学钻研数学和哲学，1917年毕业留校任教，后曾在多家大学教授西洋哲学，与冯友兰、金岳霖、邓以蛰并称为清华大学哲学系"四大金刚"。他是较早接触西学的学者，推介罗素、罗曼·罗兰、爱因斯坦等的著作，深受罗素哲学的影响，主张将罗素的逻辑经验主义（工具理性）和孔子的仁学（价值理性）融会贯通，将西方哲学与东方哲学统一起来，为中国文明的新生提供精神养料。这些主张，对其胞弟张岱年的学术研究产生了直接影响。

学术生涯之外，他还数度涉足政治。1920年代初参与中国共产党的组建活动，是周恩来、朱德的入党介绍人；1940

年代热心民主政治，担任过中国民主同盟的常委；1949 年后任北京图书馆馆员、全国政协委员。

《所思》是张申府的代表作，内容主要是阐述罗素哲学。可是他对于这一强调逻辑化、数学化的近代哲学门派的阐述，使用的却是最最随意的语录体，这种撰述方式和复杂内容碰撞的结果，是随处可见的智慧闪光——这也许是他以少量著作而与熊十力、冯友兰、金岳霖等大家享有同等学术盛名的原因所在。

《所思》大致写于上世纪 20 年代，由神州国光社出版于 1931 年，书中那些格言式的论述，那些对人生、对世界、对知识的看法，间接反映了当时中国社会思想文化的状况，可是今天读来，也未觉过时。如果读者肯静心与作者一起有"所思"，定会有所获益。

1986 年，三联书店将《所思》与发表于《大公报》的《续所思》合而为一，并请张岱年撰写序言，定名为《所思》出版。此次新版，编者只在一些人名之后，以其他字体添加了今之译名，并在书末添加了译名对照表，以期为读者减少一些阅读障碍，方便进一步查询。其他一仍其旧。

生活·讀書·新知 三联书店编辑部

2014 年 3 月

目

录

序　言

这些东西不是一个时候写的，由一九一九到现在一九三〇，经年已经十二。当然，所讲不能一端。但虽如此，似乎也还有种一贯的东西，在其间。

这种一贯的东西则也非一端。今但揭举两点于此：

（一）相反而相成，矛盾之谐和。

（二）科学法以至纯客观法。

第一点，两极现象（polarity），我在一九一九初的一篇东西中已既言之，那时固还没怎么注意到现在流行的所谓辩证法等。但人只在能如实地看事实，其实是都不难得之的。而况一阴一阳之谓"易"，本是中国人极古的一种思想；就是孔子的"仁"也是与之有合的。

"仁"与"科学法"：我认为是最可贵重的两种东西。近来最常盘桓于我脑际或喉头的，则尤在分析（analysis，我尤常愿名之为"解析"），多元（pluralism），客观（objectivism），切实（realism）之四事。后二者合之，便可得流行的所谓"唯物"（materialism）。又如最懂得这些的罗素说，二十世纪初从多方面发生起的一种普通叫作"实在论"（即 realism）的哲学，其实在的特征也是以为方法则在分析，以为元学则在多元。

因为这个，所以我所最反，特别是文人之流的"非全则无"与人化思想（anthropomorphism）。

今我尤相信，世间一切都是参差错杂的。我旧常说"正负错综"。或如常说，"参伍错综"，也无不可。世间事总是这边偏偏，又那边偏偏，相缘相戡，摆来摆去。随便什么问题，总是难得一下子解决。许多问题都是互相夹缠着，也难得解决了这个再解决那个。不过，这个解决了一部分，那个的解决也可容易一部分罢了。

不拘解决什么问题，总应想到你的解决的反面。晓得这个，乃可以言调剂，乃可以言疏理。自然派所谓"闻在宥天下，不闻治天下"；又或如宋钘尹文"接万物以别宥为始"，都应是这个意思。这与我所谓分析与多元，自然相通。

"通"，是我认为作哲学的最后目的的。分析，多元，客观，切实，都是"通"的门路，都是"通"的应用。反之，"通"又是分析等的补救。参伍错综，唯通可以通之。唯通乃可以不胶执，乃可以执两而用中，乃可以集众见而见蔽之所以蔽，而还各以其相当的地位。

一种品德，总常有与之相邻的反品德与之相联。客观的人每易冷酷；热情的人又常耽于空想。守经则易顽固；趋变又易轻浮。观过可以知仁。好坏之间不可以容发。谁能得其中道，谁能得其恰好？这岂不在融通，这岂不在矛盾的谐和，这岂不在知事变之变动不居？

* * *

谁看不懂我的话时，我就希望他肯看事实，肯在事实上尤其生活的事实上，多下一番体察体验的工夫。当然，生活的事实只是事实的一部分；生活的事实上所准的不能轻易推之于一般的事实。

* * *

"所思"这个名子，原是偶然起的，当时并没想到，十七十八世纪时，法国的哲人巴斯噶（Pascal，帕斯卡尔）与儒伯（Joubert，儒贝尔）都已有过可说同名的东西（"Pensées"）。在体裁上，这种东西与法国更前一世纪有名的怀疑家孟太臬

（Montaigne，蒙田），也有相当的联系。外此，第二世纪罗马安东大帝玛古奥黎（Marcus Aurelius Antonius，马可·奥勒留）的"对他自己"（"to himself"）也或叫作相类的名子（牛津大学出版的世界经典中所印译本即题为"Thoughts"）。 只是他们所讲的多在道德或宗教，我之所重则在科学，就是。但也有与我同者，是德之诺娃利史（Novalis，诺瓦利斯）。

崧

所思（其一）

一九二七年底——一九二八年初

一

自然与人，个人与群：东西思想所由分，人生问题于此尽。

二

爱就是投降。

爱就是征服。

投降征服，融洽于无间，谓之爱之至焉！

* * *

异乎此者，两个"浪"① 的东西的交尾或要交尾而已。然

① 科学之名曰"立鼻兜"（libido，力比多）。或译曰"欲"亦近之。

而美其名则也口爱。

人之善自文饰，固宜胜于蝶之粉黛其羽，鸟之靛翠其翎。

三

呜呼，"黄金世界"！

人如总找"黄金世界"，人便永远遇不见黄金世界。

四

人为什么活着？

人为活着活着。

于此之外而求人生意义，都是没有意义的。

* * *

人生应当怎样？人生应当活着。

顶多，也不过扩大其活着。

至少这是历来实用的人生观——人生理想。

* * *

维特根什坦（Wittgenstein，维特根斯坦）说，"死不是生活的一部分，没有人在死中生活过。"

五

"人死留名。豹死留皮。"丧尽了古今多少豹。害尽了古今多少人。

六

上下古今，两语道破。"天地不仁，以万物为刍狗。圣人不仁，以百姓为刍狗。"

"现在有圣人么？"我说，有的，有的。遍地皆是。

圣人虽死，大盗不止！

七

吃什么东西，就说什么话。这简直就是全部唯物史观。

求生一念，支配人的一切。全部民生史观也许就不外是罢。

八

人类所最需，也就是中国人所最需，就是相喻，相信，相谅，相与为善，就大同，弃小异，取彼此之长，而舍彼此之短。

但是，在没有饭吃的时候，说这个有什么用处呢？

但是，不这样子，又几时才大家都有饭吃？

九

理是好东西。

但是理是敌不过欲的。

其实，理，就不见得不就在欲之中。

罗素的道德哲学以欲为出发点，旷古以来，最为不伪善，不自欺。

上善，就是满足极大量之欲。

"最高的道德规则应是：要行为得可以造成谐和而非不和之欲。"罗素说。因为谐和之欲比不和之欲，能满足的多。

但是怎么才能行为得造成谐和而非不和之欲？

在良制度与良习惯。

十

地球为什么围着太阳转？

因为这是最容易做的事情。

为什么这是最容易做的事情？

因为地球所在的区域（比邻的"空时"）的性质，而非太阳有什么力吸之。

照相对论,力是没有的。而以"空时"的地方性代之。

这就是安斯坦(Einstein,爱因斯坦)的摄引新说的精义。摄引(gravitation,引力)就是地方性的一种。摄引就是"空时"中的绉绉。摄引就由"空时"的"丘陵"性而构成。

有这种特性的地方的比邻"空时"便说是曲的,"非欧几里得的"(即是没含有像欧几里得所想象的那样直线)。

罗素说,"懒是安斯坦的宇宙的根本律。"

为什么做那最容易做的事情?就是因为"宇宙懒律"——即所谓"最少作用原理"。

而所谓最容易做的事情,就是循着那条路子走去,费"最少的作用"。

那样的路线就叫测地线,即最短线,即最直线,或照罗素名之为自然路线。

其实,也并非空时使地球围着太阳转。只是空时使人这么说。

因为这么说,在摹状那实象上最为简便。

力废除了,自更没有作用远及的力。

相对论所讲原都是挨接鳞比的，一步一步紧跟着的。远事之间并无直接关联。（此事与没有力均已发于休谟。故其言因果关系的两德，第一即是接联。）

摄引所以只是当地的地方性。

十一

同行是冤家。

文人相轻，自古已然，于今尤甚。理不外是。

中国今日一般人之无雅量，大概一因生路窄，也因身体坏。性欲不遂当也是原因之一。当然，身体之所以坏，一个原因也就在生路窄。而性欲所以不遂，推到最后，似也不外生路窄与身体坏。

另一个事实是：有的人日日所斤斤的不出乎字句之间。当然这也自有其好处，并不可以抹杀。可是度量却难期其宽宏了。

十二

天文教育是今日最必需的教育。

人人应该有的普通常识，当就是天多高地多厚，天长地久，人类虱身其中，朝不保夕，渺乎其小：犹然相争相煎，是如何之无聊！

天文可以使人博大。

天文使人见到崇闳。

大陆的中国以农立国，原以推步见长。可是现在中国天文却衰落得不成样子了。这也就难怪农事之荒。

九月号《一般》中，丰子恺君的秋的星座及其传说，我以为是一篇极好的文字。看，日本人就极能注意于此。

英国相对论巨子已著有名著《空间时间与摄引》（《空间、时间与引力》）及《数理相对论》（《相对论的数学基础》）的天文家爱丁顿（Eddington）的新著《星星与原子》（《恒星与原子》），也是一本极必要的书。

* * *

天文是生之事，也是文化之事。

但是没有闲暇，何来文化？

没有生，何来闲暇？

没有天文，又何能生？生又何能生闲暇？

天文，生，文化。

自然，人，生，价值。

* * *

怀惕黑（Whitehead，怀特海）极言价值了。但是什么是价值？

价值是在适当的位置。

价值是美之事。

十三

人类之非理性动物：自造了偶像，又自己来毁偶像。

我的意思是说：其初就不造偶像，好不好？

我不相信这是可能的。这未免太冷了。人其初总是有股热气的。

所以人其初是感情动物。

* * *

现代心理学者人类学者（特如心理解析派）相信：全体人类自幼至长的心理发展，与一个人自幼至长的心理发展，是相应的。

原始的人，有种种迷信，种种忌讳，直至今日而犹存。类如南洋群岛土人之所谓"达怖"（神圣禁忌之意）。中国北方土语中，也有所谓例儿。

这些都是可笑的。但是为什么有这些呢？

我近来觉着，这大体都是由于求生。并非可笑，其实可悯。可以借见，自古以来，人生之难！

那么，一个人的自造偶像，也是由于为生罢？

十四

普通说，逻辑教给人怎么去推。

罗素说，现在逻辑教给人怎么不去推。

其实，与其推，何如看。

* * *

"学而不思则罔。思而不学则殆。"

思见受用。学是看；学要勤筋肉脏腑。

"夫学殖也。不学将落。"

十五

行为论者涡岑（Watson，华生）说，思是喉头动。

可是，在我思得过甚的时候，我便脑袋痛。

十六

手的劳动与心的劳动是程度的不同，非种类的不同。

不可见者为贵。故劳心者治人，而劳身者治于人。

十七

好为翻案文字者，每有所得，亦每有所失。

十八

科学之进步，日使世界简单化。

但这得勿是统一欲？

得勿是占取心？

得勿是芳济倍根（Francis Bacon，弗朗西斯·培根）之所谓种妄？

其间相去，未必容发。

* * *

现代科学，逢见跳了。

现代科学的问题就在收服这个跳。

一跳即成一个量子。

量子于今为"作用"的单位。

而"作用"（能与时，或所量质量与时，或动量与长，又或质量与长与速率之积），如罗素说，疏略言之，即是已成就了多少的度量。

可说同于业积。

此不但在相对论力学上根本重要，在世界经验上的结构上，也是根本的。

且于"作用"，有"最小作用原理"，总括了一切力学的规律，为陈述力学纯粹形式的部分最概括的方法之一。

此其所说，就是一个物体由此态到彼态总选那要用最少的作用的路子。

其实就是一种宇宙懒律。

作用而懒——相成者之相反。

十九

我所爱兮，在我中心。

二十

两人之间无自由。

有什么？

有仁；有恕；有谐和；有己所不欲，勿施于人。

还有：以欲从人则可，以人从欲鲜济。

还有：亲者勿失其为亲，故者勿失其为故。

* * *

如何可以自由？

自由在个人主义。

如何得个人主义？

得个人主义在知有人，亦不知有人。

知有人，不以己害人。

不知有人，不以人碍己。

* * *

个人主义之极致，即是大同之极致。

大同之极致，即是个人主义之极致。

故此个人主义为大同个人主义。

解群与己之纠者，在于是。

* * *

自由之要义在独立。

二十一

天下之治方术者多矣；皆以其有，为不可加矣。

世乱所以纷纷。

曷不反观？

* * *

但是今天下之治方术者果多了么？

路窄而已矣！

* * *

方术不足以治天下。

何以故？

以其是方术。

二十二

一部著作，半年之间，可以名天下。

《哲学故事》① 之著者有焉。

于是见广告力之伟大。

以此意而言，民主确是一种失败。

二十三

新近威尔士（H. G. Wells，威尔斯）说，伯讷萧（George

---

① 新近在纽约，罗素与《哲学故事》的著者辩论，民主是否一种失败。
《哲学故事》的著者说是；罗素说否。

Bernard Shaw，萧伯纳）能文而空，而无有系统的思想。

威尔士自己则何如？

作了几本科学小说，就算得是科学家么？

高唱止战之战，也不见得就能超度了人类。

＊ ＊ ＊

文人相轻，不但中国。

文人之古怪，外国也不是例外。

威尔士说，伯讷萧近竟颂扬莫索里尼（Mussolini，墨索里尼）。

＊ ＊ ＊

可是，罗素有一次讲到世界的未来，以为"也许最好的希望就是人可以厌倦了刻板的陈套，转而求救济于诙谐家"。因而接着说，"吾不晓得什么比伯讷萧君的卓绝更鼓舞人的。"

二十四

我始终相信一切事业都始于少数人，至少在人智未齐之前；纵然少数人所以能如此。有事势为之先容，纵然事业不必成于少数人。而少数人如此为的什么，也不在当前问题之中。

可是少数人究竟是谁？

说大多数人，大概人是不会猜疑的。但少数人是什么？

说是泛言，但人是一定要有所指的。

指资本家么？指贵族么？指知识阶级么？

还是指自己再找几个人以凑数？

这后一种说法似是而实非。

一则，这未免言大而夸。固然今古多少伟人，都由自夸与人捧而造成。可是我今已无复做伟人的野心。

再则，这未免仍要依赖人。

如其那样子，直截了当，明白清楚，还不如单说一个人为是。自负也要负一个痛快的。

无论如何，我是始终相信：一切事业都始于少数人，至少在人智未齐之前，纵然少数人所以能如此，有事势为之先容，纵然事业不必成于少数人。而少数人如此为的什么，也不在当前问题之中。

管他资本家，管他贵族，管他知识阶级，管他自己与其几个同志。总之少数人是定了的，至少我觉着。

二十五

文人总是这么相轻。

科学家也是人，为什么不也相轻？

这除习性使然外，大概还有两个原因：

一，科学家不能文，算学公式中装不进相轻的话去。

二，科学家的收获可以相因。相对论的力学是比奈端（Issac Newton，牛顿）的力学对得多了。但是奈端学说总是安斯坦学说的一个梯子。所以安斯坦对于奈端，总表极大的敬意，并不必因为奈端是已经死了的人。

无论如何，科学家要比文人冷静些。

可是奈端的攻击与他同是独立发明微积分的德人来本之（Gottfried Wilhelm Leibniz，莱布尼茨），攻击之烈，也就可观！

罗素说，这是因为奈端身体坏的缘故。

* * *

尼采终究发了狂。

而莆罗乙德（Sigmund Freud，弗洛伊德）日感人世之荒凉。

* * *

可是奈端暮岁告人说，他一生辛苦，不知世人以为如何，以他自视，则不过像一个在海边上玩的孩子，偶然比同伴们，找得个把较为可爱的石头子，或好看的蛤蜊壳罢了。至于无涯的真理大海是还摆在前面，没有发见呢。

终是冲然的。

二十六

我所谓客观，我以为是一个美名。然而甚不容易。

我所谓客观就是淡然地泛泛地说，坦白地如实地观察摹状事实。也就是罗素所谓伦理的中立。

所谓伦理的中立，就是离开是非或好恶，不夹杂希冀与恐惧。

只有少数的科学家，极少极少的有科学脾气的或最哲学的哲学家才能如此。

客观地当作事实说，舍勒（Scheler）的人本主义是对的。

人是自觉或不自觉地自居为万事万物的准绳。

* * *

世人不能客观，也不容客观。

譬如一个人说，因为世人的愚蠢，要得一个好世界，武力当还是必需的。中国人听见，便会说这是在鼓吹武力。

* * *

客观者融我于自然，自然与我契合于无间。

二十七

科学家是头脑简单的人。

大科学家邦嘉雷（Henri Poincare，彭加勒）说，大科学家一生是个小孩子。

唯其天真，所以得真。

二十八

凡是有定型的男女关系，不管它什么多夫一妻制，一夫多妻制，一夫一妻制，一夫妻妾制，自由恋爱制，伴侣制，搭姘头制，壹是都是保守的，都是占据的，都有碍于创造，都有碍于进取，就令过于进取，未必是。

"食色"。

"饮食男女"。

始终要这样地平等观，要这样地如实观。

二十九

普通说，成的未必是，败的未必非。

长虹说，成的就是对的，败的就是错的。

我以为这就是客观的看法。

进言之，便是只有成败，没有是非。

然而不可以不参看罗素之论"行为论与价值"。

三十

科学家看见自然，而看不见自己。

所以，天文，算数，物理，化学，地质，以至生物，都那样发达了；而关于人事的学问可还这样的幼稚。

可是科学家的好处就在真忘了自己。

我以为到了看见自己而真忘了自己的时候，人世的关于人的真正学问也就到来了。

三十一

澄心观理。

但是世间果有理么？

三十二

罗素在一篇论科学与教育的文字（见神秘主义与逻辑论集）里，引有陈伯玉（陈子昂）的《登幽州台歌》：

> 前不见古人，
> 后不见来者。
> 念天地之悠悠，
> 独怆然而涕下。

而赞叹之不置。谓其既不偏于古，亦不颇于来之概，为西洋好战的空气里所罕有。

* * *

有两首诗我总不能忘。

> 一　问尔何事栖碧山，
> 　　笑而不答心自闲。
> 　　桃花流水渺然去，
> 　　别有天地非人间。
> 二　春竟归何处，
> 　　年年说送春？
> 　　可怜春自在，
> 　　送尽古今人！

三十三

我以前极喜欢两个人：李贺与杨椒山（杨继盛）。

这大概出于偶然罢。

我以前也极喜欢奈端。

可是大概自从晓得了他攻击来本之，便只有反感了。

* * *

我以何因缘逢见罗素，现在是再也想不起来了。

我初读他的书，大概是那小本哲学问题，否则便是那大部《算理》（*Principle Mathematica*，《数学原理》），现在也记不清楚。

三十四

我所思兮，在我心里。

三十五

科学是所谓有系统的。

但谁能断定其非虚构？

科学也不过进一步的想当然耳。

好的只在客观一些。

三十六　逻辑与名学

逻辑两字是严几道所译，现在总算很通行了。

逻辑原语，谊本多歧，译以逻辑，深为了便。

循名作名之大法原在：

一，斯名止于斯物。

二，名无固宜，约定俗成谓之宜。名无固善，径易而不拂谓之善。

逻辑是几乎斯名止于斯物，而确是约定俗成的了。

* * *

可是，以为学名，则我近于逻辑与名学，无可无不可。犹之我于算学与数学无择。

人皆知逻辑原语，原出希腊，谊为名，若理，若言，若道。

然此非初原。初原乃当于拉丁动字 legere，英云 to gather（见耶芳斯［William Stanly Jevons，杰文斯］《科学原理》）中云集。正合"逻辑"之字谊。

英十七祺唯物论师霍布士（Thomas Hobbes，霍布斯）亦尝以集合（to collect）释推辩。

To gather 或 to collect 固皆有推谊。

是故逻辑之音谊兼摄，确是兼摄得妙。

我近何以又兼取名学？

在感情上，觉着逻辑两字日益流行，名学一个好名词要废了，故偶亦稍稍用之。

我何以有此感情？乃有进一步的意思。我所谓名学，固非严几道所谓名学。

名学者形学也。（形或作型。）

名学所讲出不了广义的名字。

罗素于《二十世纪之哲学》中说，不言形式逻辑，为逻辑没有不是形式的。（形或作型。形式或译法模，也便音谊并摄。）

可是形学一名，狄考文已用去译了几何。

可是旧言形名，转而为名实，另一转为形质。

故名是有形谊的。

是故我所谓名学，乃谓形学。

论形不论质。一切质可入之。

为一切学之型。一切学以为法。

它自己呢？

它自己以事，以实为法。

故形与实有同者。

是谓形之形。(形或作型。)

结构是已。(读维特根什坦的《名理论》[*Logisch-Philoso-* *phische Abhandlung*，《逻辑哲学论》]！)

三十七

所谓为人类，起于为自己。

所谓仁，期人之勿迫害己。

故曰客观难。

三十八

使人反于人，莫若以穷。

* * *

这个也做不得，那个也做不得。

因其不待食于这个那个，

所以能说这样高尚的风凉话。

但也许是欲做这个那个，而不得。

三十九

"其我独芒。而人亦有不芒者乎？"

* * *

"夫随其成心而师之，谁独且无师乎?"

* * *

"夫言非吹也。

言者有言。

其所言者，特未定也。"

* * *

"天地，一指也。①

万物，一马也。"

…………

"指也者，天下之所无也。"

…………

四十

科学是学。

哲学是学之学。

----

① 指＝Symbol（Sign）。指就是指。"物莫非指"。（罗素《哲学大纲》，论"推"章亦有是语。）

科学利用厚生。

哲学正德明伦。

德者：万事万物所得而后成者。

伦者：万事万物所与伦比者。

利用厚生：顺乎用而随乎生。

* * *

哲学可废否？

学之学附学。

皮既存矣，何恶于毛？

废哲学之日，科学取而代之矣。

* * *

维特根什坦曰：

"真命题（辞）之全即是全个自然科学（或诸自然科学之全）。

"哲学不是诸自然科学之一。

"'哲学'一名之所指必是上于，或下于，而非旁于自然科学之物。

"哲学目的是思想之逻辑地弄清楚。

"哲学不是一种学说，乃是一种活动。

"哲学结果不是若干'哲学命题'，乃是命题之弄了清楚的。

"哲学应把不然则漠忽不清的思想，弄清楚，而且显刻地界划之。"

四十一

看《秋水》!!

* * *

"以道观之：物无贵贱。

以物观之：自贵而相贱。

以俗观之：贵贱不在己。

以差观之：因其所大而大之，则万物莫不大；因其所小而小之，则万物莫不小。

——知天地之为稊米也，知毫末之为丘山也，则差数睹矣。

以功观之：因其所有而有之，则万物莫不有；因其所无而无之，则万物莫不无。

——知东西之相反而不可以相无，则功分定矣。

以趣观之：因其所然而然之，则万物莫不然；因其所非而非之，则万物莫不非。

——知尧桀之自然而相非，而趣操睹矣。"

* * *

然而"言察乎安危，宁于祸福，谨于去就，莫之能害也。"

这也不过明哲保身罢了。

这也不过求生罢了。

所贵在此也耶！

四十二

庄子与惠子游于濠梁之上。

庄子曰，"鲦鱼出游从容：是鱼乐也。"

惠子曰，"子非鱼，安知鱼之乐？"

庄子曰，"子非我，安知我不知鱼之乐？"

惠子曰，"我非子，固不知子矣；子固非鱼也，子之不知鱼之乐，全矣。"

罗素曰，吾与惠施。

"如果别的哲家知道'鱼之乐'，吾祝贺之；可是吾是没有这样禀赋的。"

（《物之解析》[*The Analysis of Matter*，《物的分析》]）

四十三

吹万不同。

言非吹也。

然言亦万不同。

四十四

城中好高髻，乡下高一尺。

明日城中好矮髻，乡下尽是曲辫子。

四十五

《石头记》，记女子，记男女，记男男，记情，记相思，记失恋，记婚姻，记家庭。而归根所记的只是那玉。

玉即是欲。

故曰，衔玉而生。

百十七回说，"你们这些人，原来重玉不重人哪。"今古男女，一语道破。

四十六

"能不龟手一也。或以封，或不免于洴澼绕。"

党此党彼一也，

或以为伟要。

或以丧其元。

四十七

心理解析，我也曾译为"心解"，暴露人之不可暴露，暴露得最多。

以此，最为人所深恶。

其实，这些不可暴露，都是人所意会的，然而不可暴露。

茀罗乙德（心解成立者）又那样的气盛，自然只好自发其牢骚了。

涡岑明明许多得自心理解析，却也回过头来，那样嘲骂。

其实，改"无意识"unconscious 为"不成话"或"说不出"unverbalized，其不仅于一句话者几何？

新颖可喜，固然。

至于说到科学：科学不过搭架子。也不见得这座架子可以影射那实在，那座架子就不能影射那实在。

要看谁简谁该耳。

但简该固也只是美的标准，而非真的准衡。

心理解析家近于巫师。行为论者岂遂甚远于宗教徒。

或曰，心理解析长于解说；而行为论长于建设。当是允平。

四十八

关于心理学实验。罗素是妙极了，他说：

凡是仔细观察了的动物，可以宽泛地说，都行为得可以益坚观察者观察未开始以前所信过的那哲学了。

不但这个，而且全都显示观察者的民族性了。

美国人所研究的动物发狂似的来回奔突，显示着出人意外的赶迫，起劲，最后乃偶然间得到所欲的结果。

德国人所观察的动物静坐而思索，最后乃从自己的内意识中，推演出解决。

（《哲学大纲》——美版题《哲学》）

（所谓美国人如行为论派。所谓德国人如完形心理学派。）

庄子书曰，"天下之人，各为其所欲焉，以自为方。悲夫！百家往而不反，必不合矣。"

四十九

天文学中，于英语，有所谓 Personal Equation。直译字面可云个人方程。乃谓因个人之特性，而有不精审，在观察上，必核除之，才得现象之真。

因为天文学是科学，故特顾及于此。

* * *

凡言现象，恒有所对，是谓坐标系，亦称指对体，或曰指对之物。

既有所对，所得之真，亦只是对于所对之真，而非真的真。

量子论，成立者蒲兰克（Max Planck，普朗克）著论题为"由相对而绝对"，以示近代科学之所趋。

相对论者，名为相对，亦实在摈除相对。因用晚出新算张量法，即所以消除所对坐标，或指对系，超脱观察者的动，以得真的真，绝对的真，以为物理律得出一个决不依附观察者境况的说法；以得泛应皆当，以见纯客观。

相对论是今日科学之极致，所以能如此。

所以能为纯客观法之大成。

* * *

由相对以达绝对，得勿如揭"依它起"以遮"遍计所执"而显"圆成实"？

五十

数学不必讲数，要不离数。

自发原子结构，闭他卧剌（Pythagoras，毕达哥拉斯）或邵康节（邵雍）数为万物原之说，益见其有当。

然罗素之诠数：数为类之类。

而类为虚构。

类与数皆属公孙龙之指，天下之所无也。

是则原子亦虚构，算数亦虚构。

然虚而能御实，应乎用故。

至于体，用之结即是体。

原子，电子，质子，电，光，能：舍用，何有于体。

而量子为用之极微。

五十一

我极爱诺娃利史（Novalis，诺瓦利斯）。

说什么德国浪漫派之创始者，我不懂。

我爱其明乎算。

我爱其言之简练。

五十二

我之所怀兮，我心未空。

五十三

我思苏妮古洼烈夫斯基（Sofia Kovaleskaya，柯瓦列芙斯卡娅）。

我思罗萨卢格森堡（Rosa Luxemburg，罗莎·卢森堡）。

我思桑德柔日。

世有葛乐思（Antonio Gramsci，葛兰西）乎？

在于斯已！

* * *

于今又有伊萨朵拉邓肯（Isadora Duncan，伊莎多拉·邓肯）。

不幸亦穷而惨死！

五十四

"我所贵重过的东西，都岌危了；

只有一个无穷小的少数人，似乎在意。"

五十五

有一种文字，它的佳处：

不在它的说话。

不在它的词藻。

不在它的意思。

不在它所摹状。

而在它所烘托。

而在它所影衬。

它的好处求之于虚无缥缈之间，乃可以得之。

它的美是超拔与崇闳：可以观契而不可以狎昵。

这种文字，我曾偶一见。

叫作哪一派，我不知道。

是神秘么？

维特根什坦说："神秘是不可表现。"

"不是世界如何是神秘，乃是世界之有是。"

五十六

猫头鹰只看见黑暗，看不见光明。

文人是人，文人该不作猫头鹰。

然而，世界果有光明么？

人果异于猫头鹰么？

文人果同于非文人么？

非文人便必异于猫头鹰么？

光明黑暗之别何在？

安知光明非黑暗之别名？

世人之望光明，又恶知其非出于虚幻

而猫头鹰才得正见？

五十七

如不可表现是神秘。

可表现的便当是科学。

可表现不可表现之间的是艺术。

清理其表现的是哲学。

五十八

无得自也无失。

患得患失，恐是极不好的一种状态。

得恋失恋，便是此类。

悠然地爱而不恋,岂不甚好。

恋即是患失。

太上之男女关系,必超乎得失之场。

神交是与?

我故望:"相视而笑,莫逆于心。"

是在"食色"平等而不成问题之后。

五十九

人非任情,即是矫情。

矫情者奴情。

任情者奴于情。

"太上忘情"。

六十

我想念神仙生活。

神仙生活:豫暇潇洒,优游自在。无忧无虑,无挂无碍。

这大概是不食或不愁食超色或不局于色后的状态。

* * *

神仙生活,原是人类的理想。

但是中国人总似想漠漠忽忽地就实现神仙生活于此，便弄得无不因循，无不苟且了。

六十一

情果不可任么？

不任情，没有科学。

太任情，也没有科学。

欲果不可纵么？

不纵欲，没有艺术。

太纵欲，也没有艺术。

* * *

中庸，也不可以太中庸，以至于无穷。

* * *

任情纵欲，汩没性灵，其失维均。

六十二

美不在人，亦不在物，而在人与物凑拢成的关系。

是故不但要美术，也要美育。

美术之美在引成那种关系。美育足以助之。

* * *

知等同然，也是人与物间的关系。

六十三

艺术之佳，只是一个恰到火候。

此外，不过偶有奇笔而已。

理也贵圆融。

但中与不中，却常在一击。

六十四

什么是美的情感？

美的情感是与天地合一，与天地相忘，欲无不达：所以若无欲。

但只一个人的不算。

六十五

据说，顾炎武用证据考订古书，便是科学的治学方法。

顾炎武的时代，固颇后于欧洲的罗哲儿倍根（Roger Bacon，罗杰·培根），比温池·勒翁拿都（Leonardo da Vinci，达·芬奇），伽离略（Galileo Galilei，伽利略），却晚不了多少。

可是中国至今却还没有科学。至今提倡科学的还不过徒嚷几声。

这是因为中国没有过希腊呢？

还是中国人太偏重了用，太偏重了人事？

还是中国学人的精力在古书上用尽了？

还是科学方法并不止于一个空空的拿证据来？

* * *

罗素说，科学的成立在"数学的实验主义"。科学法要把数学与实验合而一之。

可是中算未尝不比西算早进步了三百年。

然而三百年后到底也没有与实验结合在一起！

六十六

提倡什么，莫妙就实行什么。

提倡什么而不实行什么，非特无益，必且害之。

特别以提倡科学为然。

提倡科学而不实行科学，遂使科学成了口说。群以说说科学，当了科学。其害如何！

提倡什么即实行什么：实行而通，群自从之，也见事势之
已宜。实行而不通，必是倡行之未得法或兼事势之未宜，因而
改之，可免胡乱提倡之遗害。

六十七

往写所思至第十五，未发。中言科学法非科学方法，犹
之历史法非历史方法。后见席兹（A. E. Heath）一文，其意
适同。

席兹亦罗素学者，出身剑桥。今盖为威尔斯（Wales）某
城一新立大学哲学教授。已数著论科学法，并言教育。前曾广
告出专讲科学方法书，至今未见刊行。去岁出有讲心理小册
（*How We Behave: An Introduction to Psychology*）。

罗素之数理哲学引论出版时，席兹有一评论登伦敦国民周
刊，极佳。

罗素弟子中极言科学方法论者，尤有林池女士（Dorothy
Wrinch）（科学博士）。罗素告我，与白乐女士结识，实林池
介之。

但今在英，罗素学后起之秀当推卜赖兹维提（R. B.
Braithwaite，布莱特怀特），腊谟塞（F. P. Ramsey，拉姆齐），

查德维克（J. A. Chadwick，查得威克）三人。自均出身剑桥。均已渐渐有著作见于伦敦所出季刊《心》（Mind，《心灵》）。此乃今世界第一哲学杂志。罗素最初讲学之篇亦多载于此。

腊谟塞著书论《数学基础》（The Foundations of Mathematics），尚未刊。然有一文（题同）见于伦敦数学会记录，创发已宏卓。

一九二六年出的不列颠百科全书三本新卷中有"数理名学"一条，也出腊谟塞手笔，述数理名学数学原理的新发展，以代一九二一年的新三卷中故博士尼构（Jean Nicod，琼·尼科迪）的一篇。

按腊谟塞君已于一九三〇，一月十九故去，年才二十有六（生于一九〇三）。实为今日数理逻辑界莫大之不幸。又罗素在三一学院同班至友桑格君（C. P. Sanger）亦相继于二月八日去世。年也不过五十有八。我于去年始于不列颠百科全书十四版读其所为罗素传，始知其人，方钦服之不置，正于之大有期待，未到半年，竟尔隔世，见讣使我不欢者累日。又按上所说罗素传，乃腊桑两君所分作。今未到一月，两君相继作古。是何异数！为学为友，罗素之恸又当何如！无常无常，人生人生！一九三〇，七月一日记。

* * *

罗素高足中，第一本为奥人维特根什坦，第二即若望尼构（法人）。尼构以把全部数学（算）纳入一个命题中有名。既著感觉世界里的几何（一九二四出书，有罗素序）暨归纳的名学问题（一九二四）而夭（一九二四，三十一岁）。

而维特根什坦，大战之时，罗素已数数念其或死，自一九二一刊了他那部奇书名理论（有罗素引。一九二二秋出英德对照单行本）后，又复渺然无闻！

自余后起数理名家数美人蛇斐（Dr. H. M. Sheffer，谢佛）最有成就，也久不见其新著。

今之数理名学，但靠腊谟塞，卜赖兹维提，及几个出身德国数学中心哥庭根大学（类英之剑桥）的学人等了。

友人俞大维博士，昔在美学于蛇斐。前岁在德著名的《数学纪录》杂志（*Mathematische Annalen*，《数学年报》），曾一见其新著，精进不息，必是足为中国光的。

六十八

单就科学而论科学，科学当然是人类所成就的好东西。

中国是必须有科学的了。

没有科学，不是西洋完全没落，中国大概要有种亡之虞。

但是，这是由于中国没有科学呢？

还是由于西方有了科学？

六十九

生活苦楚而后有深刻的艺术。

但是艺术究竟为的是谁？

或说社会主义之下，将无艺术，因而难社会主义。

但是为艺术而拒社会主义，艺术是人生之手段呢？还是人生之目的？

罗素说，"一切艺术之中，悲剧最为高傲，最为得胜，因其即建其光耀的城堡于其敌邦的正中，就在其敌的最高之山的那个极峰。"

但是因人生的悲剧，而不能不有艺术的悲剧，以自慰安。岂可为造艺术的悲剧，而保持人生的悲剧，以自娱乐。

于死，于不可忍受的苦，于既失的过去之不可复返，而感崇闳，而感深漠，而感不可穷极的神秘，应是出于不得已。

否则，几何其非病的状态？

艺术如出于不得已，便应不忘其所以，不是供着几个人消遣玩弄的。

但是残酷的人，却以冷峻为美；损毒的人，却以刻峭为长。

如果艺术之生，生自欲有未遂而高化（或译升华未谐），欲尽遂时，艺术将生于何地？

可是苦楚而生奇特，岂遂胜于欢乐而安平庸？

据说，酒醉酩酊或抽足鸦片之后，有种出神神情。然酒醉与抽鸦片，究未为佳。

以此云云，抛开庸众生活，但求任情所之，不拘于科学，于艺术，都觉似未尽可以。

怎么样，也不太怎么样，要以人为归，总是人生之大法。

七十

天才邻于疯子。

美人即是尤物。

一将成功万骨枯。

说艺术佳品，概是病的造作，未必悉无是处。

七十一

所谓无产阶级文学艺术，未必能够成立。

可是并不是没有意义的。

* * *

无病何必呻吟？

七十二

有欲未遂，悔不当初没有欲。

欲而尽遂，未必不遂感索然而无味。

七十三

上有好者，下必有甚焉者矣。

在上的忽焉不好了的时候，在下的便该砍掉头了。

谁叫她奴隶性呢！

七十四

历史如是相砍书，地理应是血迹漠忽。

七十五

人思如蚕丝，引而益长。

就令思是无声的言语。

然而"当初是行"。

七十六

我所思兮，"一切皆实"。

七十七

古希腊之伟大：

太利史（Thales，泰勒斯）谓水为万物原；

闭他卧剌以数为万物宗；

额拉吉来图（Heracleitus，赫拉克利特）言"万物流"，且持正负错综，相反相成，张多元，贵经历；

芝诺（Zeno）非动，立归妄，证时相对；

波罗达哥拉（Protagoras，普罗泰戈拉）称"人为万有之量衡，但当万有有时"；

德谟颉利图（Democritus，德谟克利特）归万物于原子。

今世科学皆返之。

* * *

中国周秦也伟大：有易与墨经，有仲尼之仁，惠施公孙龙之辩。

七十八

古云，"为学日益，为道日损"。

我尝说，为学亦日损。

证之最近科学之所趋，可以益信。

斯皆欧坎（William Ockham，奥康姆）剃刀之利用，明着或暗地。

七十九

世人都怕什么新，怕什么奇。

如果历来就没什么新没什么奇，难道当真古往今来一切东西都是当初有个什么神一下子一手凭空造成了的？

反之，好新骛奇，其失未必不维均。

八十

我于各种艺术中最喜欢的是音乐。

音乐是一切艺术中最超逸的，最富于神秘性的，最近于数学（算）的。

音乐之密接于算数，于古希腊见于闭他卧剌门之所教；于古中国见于律历之联络。

可惜我既从未手触过乐器，数学也浸浸荒了，一部中西算史且直不知其成之何日！

八十一

先知者看出现在事势的出路趋向。

并不必未来已伏于现在之中。

更非是必然怎样。

* * *

必须完全明白了现在，才可以知未来，也才可以知过去。

* * *

"正负错综，相反相成"是先知之大法。

然而在科学上，科学只知相邻之事间的微分关系。

科学的世界只是一套一套的微积方程。

八十二

如说休谟是最哲学的哲学家，罗素便是最哲学而又最科学的科学哲学家。

所谓最哲学的是最能辨析精微，最能适用欧坎剃刀（"物实无必须勿加多"），最无成见，最无执着。

最科学是最切实，是最客观。

自古以来的心物问题，到柏克雷（Berkeley，贝克莱）而去了物，到休谟并丢了心。

根本上便只余了觉知。而人，我（心）与本体（物）都不过急转相随的觉知一束。

归纳与因果是科学的基础。休谟则直疑此基础，且疑得合理，且此一疑直至今日犹是一疑。

至于罗素，既最能辨析精微，更显著地最能使用欧坎剃刀，最无成见与执着，且以解析为哲学中的科学法，以他自家的名学，最客观最切实地爬梳析理科学的最新结果，而谋为之安立基础，而成一"一类而多个"之中立之事之哲学。

所遇之事，在名学上，即在形上，总是可以解析成特体的，但非尽其特体之成分即尽一事之体性，成分外犹有结构在。故此哲学叫作名理原子论。

本体之事在元学上，即在质上，兼在知上，非心非物，亦心亦物，超乎心物，而可以解说心物，心物种种，并以为唯一的根本，唯一的基础。故此哲学叫作中立一元论。

事之与事，以种性而言，一而已；以数目而言，却是许许多。而此许许多是散着的，就是那样子着的，并非另有个广漠的东西以包之。故此哲学也叫作绝对多元论。

八十三

安斯坦，崴尔（Hermann Klaus Hugo Weyl，外尔），爱丁顿（此外可数及之人尚有黎曼，闵古斯基）的相对论的结果，得了种种统一。例如：

时与空融而为一。——只有"空时"。

以太与"空空间"融而为一。——异名同实。

空时与物质融而为一。——物与空时相依附，电子不过波系，不过能力可由以放射的区域。

质与能，质量与能力融而为一。——所量质量与能力为同物。

直与曲融而为一。——对此为直，对彼为曲。

几何与物理融而为一。——物性依空时，空时依物有无。

物与事融而为一。——一块物就是一串的事，略循一种内律而发展的，即是以其相关关系而侥幸集成群的。

惰性与摄引融而为一。——相等垮而不可识别。

摄引与电磁融而为一。——均由于量法的习约。（此层发自崴尔，爱丁顿恢宏之，而安斯坦得出结合摄引与电磁的场方程。）

过去与未来融而为一。——时相对；无宇宙时；同时难定。因果必然非客观实有。

久暂，长短，俱融为一。——时空俱相对。

动静融而为一，一切相对而动的体系皆融而为一。———切动相对。

有穷与无限，或有限与无穷，亦融而为一。——安斯坦与代塞忒（Willem de Sitter，德西特）的宇宙均有穷而无限。

再加以新的心理研究哲学研究，心与物也融而为一。——同成于根本中立之事。

再加以新原子说，一切原质都融为一。——同以在原质周期表居第一号的轻之核为根本，同由电子与质子即轻核而成，同以些整数为特征，而能自变化。

及于波力学，新量子力学，相续与不相续，即断与续，亦遂行融而为一。——现在是有"物"之处是不相续的，无"物"之处即空处是相续的。宇宙根本已似是粒子为波所导。

此种种固非悉出于相对论一手之烈，而相对论乃集其大成。

此种种都可见以前的科学太抽象了，或太着实了，或即是"具体错置"了。

现代的科学趋势即是趋于真具体，返于科学所由以起的那顽固不化坚强不挠的事实。也便是趋于纯客观。但自也不可以太具体。却不嫌太客观。

如罗素说，"使人设想一离开物理的几何为不可能的只是人的顽然固着于地的想象力。"

八十四

相对论使人可以过神仙生活。

古说，天上一日，地下一年。

据相对论，这就是可能的。

神仙行径，墙不能御，闭室可入。

相对论证成了四度空间，这也当是可能的了。

另一方面：自由自在的都遵循着宇宙懒律。这就是任其自由自在地行去，便怎么慢怎么行：费极长的时候，而行极短的路，自拘于墟的看来。

这岂不是神仙的潇洒悠闲的营生。

八十五

相对论何以最能客观？

借张量法。（张量解析，或张量代数。）

张量法亦称绝对微分算法，是一种专门方法，是数学的一新部门。

以"张量"所表示的规律的公式，是不依附什么坐标的，不拘坐标怎么变也不变。

张量论之所有事，就在这类公式上。

这种方法，可以把度量中与规律中的出于习约的分子都剔出去，而得到脱离开观察者观点的物理规律。

所用是纯客观的，所得自也是纯客观的。

安斯坦的摄引律就是这种方法最显赫的例子，如罗素说。

此也应是其所以能取那奈端的盛名二百年了的而代之。

还不但此。

世界以事为根本。旧日的物已不需信之了。根本上所有的不过一串一串的事与"空时"结构中的特性。

而不甚相远的两事间唯一本然的数量的空时关系不依附观

察者的动的，只是其间的空时间隔。

这是有物理意义的。

所以，一切不依附观察者的物理规律，都应由这个间隔的公式而得之。

这便是安斯坦的摄引说之所为。

八十六

对于世界，人之所知，只是其结构。

就表示出来的而说，便是些方程。

关于电磁的"马克斯威尔方程"（麦克斯维尔方程），安斯坦的摄引律的方程，真才是人类的奇迹。

马克斯威尔方程用于无"物"之间，安斯坦摄引方程行于邻"物"之所。

而适于有"物"之处的，有量子论与波力学。

八十七

自相对论出，唯心论者往唯心论上拉，现象论者向现象论上扯。

但罗素说得淡然，安斯坦的新物理之为"实在论的"，并无减于奈端的旧物理，同据一种实在论的假定而前进。

八十八

现在还在很流行，与印度阿刺伯（阿拉伯）的多少相仿佛的中国旧式数码（或算码），许多人当都已知道是成自筹式的衍变的了。我也是最先看出这个的一个。

中算以筹，筹本名算：从竹，以竹为之；从弄，言常弄乃不误也，说文解字说。祘字正像布筹之式。算言其事，从具，具数也。

以筹演方程，很容易得出定列式论出来。好像极重视中算的美算史家斯密（David Eugene Smith，史密斯）教授如此说过。

从这一点也可以见器之与理，语言文字之与物理哲学，关系为何如。照罗素意思，可说，有什么语言文字，有什么逻辑名学，有什么算数物理哲学。

中国这种数码，俗名苏州码子，我说这是算筹码子之讹。晓得了这个名子，其来源尚何待论。

码应作马，读过投壶讲究文字的当都知道。但这或者也是可资以知道那种码子的本原的罢。

○（零号）之发见，是算史中一件大事，简直且可说是一桩奇迹。然中国亦自得之象形。布筹空位，恒置以钱，以砾，或棋子故。

八十九

柯罗契（Benedetto Croce，克罗齐）是现代意大利的所谓新唯心论哲学的创者，又是文艺批评家，于美学有特见。十二年前五十岁时（一九一五），作有一本具体而微的自传，去年有了英译本。美国杜威派的学人加兰在纽约《新共和》上评之，有几句说得颇有谓。

他说什么呢？他说：

比于柏格森（Henri Bergson，伯格森）的绮丽，桑陀耶那（George Santayana，桑塔耶那）的美，罗素的明澈，柯罗契的一闪一闪的光亮不过像大雾朦胧的夜里的一把冒烟的火把。可是比于莫索里尼，甄提勒（Gentile），邓农雪乌（Gabriele d'Annunzio，邓南遮）那类人物，柯罗契却卓然特出为那今日最出色最有仁义的意大利人。

九十

革命被人误解了。

革命是一桩人为的自然的事。

革命是不得已的。

然而人乃以为名贵。

然而人乃以为名高。

九十一

总有一年了，一夜偶然看见登肯（Isadora Duncan，邓肯）女士的跳舞，与我以绝大的兴奋与启发。那才是革命的成功。那才是生活的艺术。表出人生的艰辛，显示劳动的伟大。这样的艺术，我是愿意其遍天下。

可是，新近在报上看见一个书的广告：书名《吾的一生》（*My Life*），说是一部自传。作者则也是登肯女士。看其图，且也功舞蹈。广告称之为伟大，目之为天才。然而却说，这书刚写成，著者就悲惨地死了。

这是谁？这一登肯就是那一登肯么？

我愿意有两个这么样的奇女子。

但是这个世界能够这么富么？我深疑之。我深虑之。

九十二

穷人想其所以穷，必然重视经济。

富人想其所以富，也必重视经济。

二者都难说是正见。

然而支配今日世界的就是这穷富两方面的同一哲学！

九十三

幼稚的对面，显然就是老昏。

这其实没有尽了现象的一切。老幼之间，显然是可有壮健一个期段的。

可是壮健不久之后是什么呢？

这样子想去，小孩子到底是有久远希望的。

譬如，小孩子敢说，就常常可以说着新东西。

九十四

罗素近说："纵然科学技术为工业所必需，科学精神则宁属于商业，因为科学精神必然是个人主义的而不受权威的影响。"

谁不憎恶市侩，然而商懋迁有无，商贵自由，商须客观，岂非有恶亦有善？

罗素又举有一种历史上的禅变，是时而综合而褊狭，时而解析而宽容。

凡是解析时代，原因都在商业。

历史上第一个圆满的解析时期，在西洋，是希腊时期。原因就是如此。

商业精神可以启发艺术与思想。

甚哉"相反相成"！

九十五

凡是有宗教性的东西总不免于时代后。因为拘守泥信的原故。

职此之故，有些颇似具有热烈信仰的人，直到现在对于旧意义的哲学表示重视。

九十六

新意义的哲学乃是纯名学之事。

且如真个"哲学家们只不过把世界种种地解说了，要紧的应是去改变之"，政治家流，不拘从哪方面说，还是以不管哲学好——压迫侵害之不应，顶礼膜拜之不必。

当真不要宗教，何必兼作君师？

政治家流最该从哲学学的是胸怀旷达，宽宏大量，不以自我盖一切。

可是，以犀利深入之笔，根据一种常识毫无客气地剔抉专家的东西，像列宁的《唯物论与经验批评论》之所为，时常发人深省。

九十七

你是不是要革新思想？在行！

你是不是要从事哲学？在行！

你是不是要提倡科学？在行！

你是不是要发扬艺术？在行！

你是不是要改变世界？在行！

当初是行。最后是行。中道也是行。

思在行之中。

思要思其行。

思要思于行。

行可以阐发新理见。

行才可以作所思是非最后之验证。

九十八

自从俄国革命以来，继之以中国革命，而世人所呶呶不已的，却是公妻一层。

我深疑之。

如非羡慕公妻，何至公妻这样招忌？

九十九

普通心理学讲人的气质，分气质为四。

瑞士楚里西城（Zürich，苏黎世。安斯坦曾为吏于此，相对论即发祥于此，继安斯坦而起的相对论大师，数学哲理家崴尔现教授于此）的解析心理学家荣格讲心理类型，则认人有二类型：内向的与外向的。

实用主义宗师詹美士（William James，詹姆士）讲哲学家，有所谓硬心的与软心的，硬心的崇实，软心的唯心，近于中国说刚与柔的意思。

其实，我以为人的根本类型，就是那男女两个类型，只是天地间罕有纯粹的男，也难得纯粹的女。常识当也是承认的。

好像德国近年那个天才而早死的崴凝格（Otto Weininger，魏宁格）就曾经极力阐发过这个意思。

一〇〇

德国近年还有一个天才，合本名与笔名叫作波巴·林科斯（Josef Popper-Lynkeus）。前年听说也死了。

波巴·林科斯原是一个工程师，但作有许许多讲哲理，名理，算理（数理），物理，心理，文艺，以及社会政治问题的书。有不少在专家间不易逢见的创见。最著名的是他叫作《一个写实者的幻想》的一本书，亟称述中国事。前年听说还有讲崭新的数理的专著待刊的。现在可刊了。

然而于德之外，知波巴·林科斯者似乎极希。

一〇一

我总喜欢比较隐僻怪特的作家学人。

很出名的一般都很知注意的，我不复注意，因其已用不着我注意。譬如李、杜、但丁、哥德之类。

但哥德与自然科学的关系，我却注意。因这，人还不大注意的缘故。

德奥哲家之间，薄卡诺（Bernhard Bolzano，波尔查诺，以现在地理说是捷克斯拉夫人）比康德，名望当然差多了。然我就喜欢薄卡诺，远甚于康德。

这也并不但因薄卡诺对于算学名学的成就而然。

这种情形，一部分因为喜新好奇。

也因隐僻怪特的作家学人常有隐僻怪特的思路见解。

另一因子，当是妒。

一〇二

空间与时间，融而为"空时"，在西洋科学界以为是相对论所成的一种新奇。

其实，中国所常言的宇宙，其次常言的世界，本来是时空兼包，并不可以与西洋的，例如英之 universe, world 比。

先由直观或内省或平常经验而得的，后经科学证实，其例也不止于此。

现代物理学，相对论，量子论，原子说，波力学，所得的重大结果，还有一个，就是本体非物而为事，而事象本性是不可知的。这后一事岂非好些哲家早就这样说的，尤其一派佛之徒。

古说头为智所在，心为情所居。

行为论创者涡岑就说，如使所谓心者包括人的整个的所谓"内部"，这个旧说，便常与行为论派的新说，非常之相同。（"心呢，还是知能？"哈波杂志一九二八，二月号。）

涡岑又说，人绝不是理性动物，因其为其内脏所制，而不能自制其内脏。只在内脏的宰制之下行动之后，乃常像荈罗乙德（心理解析创者）所说的，把行动加以所谓"合理化"，以自藏自己之弱。

近今元学（玄学）大师卜赖德雷（Francis Herbert Bradley，布拉德雷）也尝说，元学就是替人本能上所信的，找些坏理由。

罗素也说，哲学可界说为"造作谬论以隐藏人的无识"。

一〇三

世界上而有中国人存留，则中国人必须有其特异的地方。

中国人绝不能以学习模仿为能事。

中国人必须有相当的自信。

诬谤中国人的说中国人有夸大狂。其实现在已只剩了奴隶性。

中国人而要自立，是必须改掉这个的。

就拿科学来说罢。

中国人已是非有科学不可的。

但是中国人也绝不能以徒徒学习西洋科学为能事。

中国人必须在科学上有所改造。

须知科学的实用上的成就，诚然是巍乎其巍了，科学的方法也日近于纯客观了。但是科学的理论的本身，现在都正在危乎其危，急须找个巩固的基础。

譬如自然科学。

自然科学的两个基础是因果与归纳。

然而这两个东西，至今没得证明根据。

自从最哲学的哲学家休谟在十八世纪前半揭露出这样疑难来，至今没有祛释。

自从近年有相对论量子论原子说波力学以来，世界根本之是什么，科学基础之应如何，昭明得多了。

可是世界有理无理，仍然昧然。可逆不可逆，亦未解决。相续不相续，更未得到会综通贯。

数学（算）当然是一切科学的法模。

然而罗素研究数学是否真理二十余年，成就了那样伟大崇闳金字塔万里长城的著作，以那样精审严谨的解析，得出了那样切实切要的方法，然而到底不能不自承本问题依然还是没有解决。

最近这几年在德奥英法美荷兰波兰芬兰等处研究数学基础

的论著，尤其连篇累牍，甚嚣尘上，真像是对于一个大问题。

可是就连算学与名学（逻辑）关系一端，仍然是聚讼纷纭，莫衷一是。

数学是科学的轨范。科学是西洋近代文明最大的贡献。究其实，犹如是。

那么，中国人还不知所取择么？还甘于为奴么？

话说回来。这并不是说中国人可以不要科学。这只是说在科学上，中国人犹大有飞腾之地。

中国人是非要科学不可的。

但是中国人要科学，中国人当严重地知道科学只是一个器。

中国人既要用这个器，中国人就应该使其在自己手里加倍地利。

那么，怎么利之呢？

当然，要利之，必须先求其甚解，深通其义而用之。或者说，由用而求其甚解，深通其义，而益善之。

又怎样才能如此？

这便必须要得到科学那特殊的最可贵的方法脾气——纯客观法。

实事求是。

毋意，毋必，毋固，毋我。

无稽之言勿听。

一〇四

近年中国青年群趋于过激，走于极端。凡是大中至正周到圆融的思想言论，全不能为其所容。

我固然是重视大中至正周到圆融的。

但我却以为中国近年青年之极端过激，不但是可以谅解的，并且是一种很好的现象。

这是活气的表现。

这是热情的象征。

活气热情乃是一切人事的根基。

当中国近年这个当儿，所最需要的本在有像德国斐希忒（Fichte，费希特）一类的伟大的教育家来指导。

不幸，中国竟没有这个。于是遂溃决了！破裂了！岔入歧途了！

但是如找这种溃决破裂的责任人，仍在教育家，而不在怀抱热烈的求生之欲的青年。

一〇五

在一切别的事以前，第一件事是中国人先站起来。

一〇六

有的人重视过去。有的人重视现在。有的人重视将来。我所重视的在现在未来之间。

有的人重视陆。有的人重视海。有的人重视空。我重视海陆空之外。

有的人重视天。有的人重视人。我重视天人之际。

一〇七

世人恶矛盾。不知矛盾之中，正见进境。

世人恶矛盾，由于恶现实，由于恶客观。

这是静的文明造成功的耽于幻想。

一〇八

人之相知，贵在知彼此的整个的生活。

一〇九

我有时简直想，与某些人同为人类，简直是一件最骚心的事。

但是异地而观，某些人是否也这样想？

所谓改造社会，原是改造整个的社会，原是说为的整个的人类。

那么岂可又深恶痛绝某些人？

然而不如此，谈又何容易？

耻于与某些人同为人类，这不但是一种孩子气，也是一切残杀之源泉。

一一〇

呜乎，世人之伪，伪到成了习惯！

一一一

西洋文明的要义在战胜自然。中国文明的在与自然调谐。这是许多人都晓得的了。

就令这种分别，只是时代的分别（我深疑之），不是地方的分别，但这种分别，确是事实。

我以为，这其实只是程度的问题。二者其实并不相违背。

如何战胜？要能战胜自然，必须与自然调谐。

所谓知己知彼，百战百胜，就是在与自然战上，也是可以应用的。

* * *

协作胜天，是西洋文明产生出来的新理想。

但是，在西洋方面，今日的祸害，已不在自然，而在人，如罗素说。

一一二

所恶乎所谓"正人君子"者恶其矫情伪善，欺世盗名。

但如所谓正人君子的所谓隐恶扬善，未尝不是人间的一种必要事。

当真能努力宣表彼此的好处，而不但隐匿彼此的坏处，并努力革去之，未尝不是一条到好的世界之路。

然而，"好事不出门，恶事行千里"。直到今日，还是如此！

一一三

矫情自然要不得。

但克服自然，照一种意思说，又何尝不是一种意思的矫情。

善之与恶，美之与丑，原是分寸的事。

一一四

树高风来。

天下老鸦一般黑。

一一五

究竟，人生最要紧的是好的教育。

一个人，因为小时没受到好的教育，不知遗留了多少终生不能去的痛苦。

一一六

我最大的瘼病是不肯相信自己。

我现在要开始相信我自己！

一一七

政治不是一切。

如果做得好像政治就是一切，必连政治而害之。

一一八

中国人必须有信仰。

中国人必须相信中国。

"中国不亡，是无天理"，是害死了中国的话。中国人而说这种话，当然"中国不亡，是无天理"！（但是什么是"天理"？）

中国人从此一定不再说这种通身奴气为虎作伥的话。

中国人必须相信中国人必能超过了一切，拯济了人类。

必须真这样相信，必须自觉地而非自欺地这样相信，必须切实在事实上实现这个相信。

中国人绝不为祸于世界。

中国人本是比较和平的民族，本是主张"善战者服上刑"，"春秋无义战"的民族。

中国之有今日，其责绝不尽在中国。

中国之有今日，乃是一个比较和平的民族，逢见了一种极野蛮的力量。

中国人必须相信，中国必能把这种极野蛮的力量，到底克服了。

对于世界，对于人类，这是中国人必须亦必能担负的责任。

这种野蛮力量乃以科学为利器。

中国人必能把这个利器科学取来，而益利之，而善用之。而到底克服了那种野蛮力量。

今日世界的问题是如何把仁的生活，与科学或与由科学而生的工业，融合在一起。

中国人必须相信自己一定能够解决这个问题，而先后厘然地百计千方以赴之。

中国人必须相信，中国以前对于世界文明或文化，是有过极大贡献的，对于将来世界的文明或文化，必更有更大的贡献，以跻人类于天人谐和之域。

* * *

尤要知中国社会就是中国社会，中国革命就是中国革命。

谁拿西洋的成名陈范来扣，谁拿西洋已有的革命来比方，都是难得得当的。

不可为特而忘通；同样也不可为通而忘特。

一一九

科学是器，器无善恶。

谓大战原于科学，是人类的无理性，是卸责，是惰气。

以刀伤手，其责不在刀。

可是谓科学于大战全无影响，其无理性，不过少差。

理在有节。是者是而非者非。

特别流行于文人间的"非全则无"的原则是理性的大敌。

此为文人遗害之一端。

一二〇

戴东原（戴震）的话：

就事物言，非事物之外，别有理义也。

事物之理，必就事物剖析至微，而后理得。

理解者，即寻其腠理，而析分之。

* * *

理者，情之不爽失者也。未有情不得而理者也。

无过情，无不及情，之谓理。

理者，存乎欲者也。

唯有欲有情，而又有知，然后欲得遂也，情得达也。

通天下之情，遂天下之欲，权之而分厘不爽，是谓理。

情之至于纤微无憾是谓理。

君子亦无私而已矣。不贵无欲。

凡事为皆有于欲。无欲则无为矣。

有为而归于至当不易之谓理。

一二一

中国有一种清流，有一种不烤派。

这与普通所谓正人君子，或罗素所谓好人（一九二六，十月号哈波杂志）大概是差不多的。

同出于一源。同源于明哲保身，或保其产，或保其名，或保其位。

世界而有苏格拉谛（Socrates，苏格拉底），卜罗诺（Bruno，布鲁诺）的事，当然不是好世界。

但是世界如从来没有过苏格拉谛，卜罗诺，我不知道现在世界，应又是一个什么样子。

自然，如果从来就是能够各行其是的，当然是好的。

一二二

近代西洋文明可以说是物质文明，近代西洋文化可以说是机械文化，这应是谁也不能否认的事实。除了财阀与穷党。

于是以其物质与机械，这种文明或文化，乃在物质不发达机械不精巧的地方，威吓出一种极端崇拜物质极端迷信机械的力量。

这种力量，当然只认得机械，只认得工具，只认得地位，只认得势力，而不认得人。

对于人，这必是会有莫大之害的。

这是残生以求生。

但是天之大德乃曰生，非曰残生！

一二三

罗素最能察识主观。所以最能客观。

一二四

人本只爱自己。人之爱人，待其为己之一体时。

一二五

"世界的进步只随品物而进步。科学便是备物最有力的新法。"

吴敬恒（吴稚晖）说过。

一二六

我之所贵兮，我之所有，而我不能有之。

一二七

善恶是非虚实真妄对错美丑曲直邪正得失之间，不可容发。

多一分豪是善，少一分豪便是恶。是非等亦如此。

从此地观之是善，稍稍移位观之，便是恶。是非等亦如是。

相反之所以相成，半由是。

言诠之每每落边际亦由是。

一二八

凡是一个诚实的学人认真地所称说的，必有道理于其中。

即令其不免于偏。

即令其有所见亦有所蔽。

至少必有其所反映。

至少可见其肺腑的活动。

一二九

人恒不止一方面。

大大多数人是可左可右的。

你重视他那方面，他那方面便显著。

一三○

相信中国搞得好，则中国可以搞得好。

什么时候才相信中国搞得好？

待中国可以搞得好时。

其然，岂其然乎？

问谁是先知？

谁能知道必怎么样？

一三一

政治家盖莫不总是忍着。

初，有不忍之心。

次，抱坚忍之志。

终，行残忍之事。

一个忍字，而具正负两谊，实在是极有意义的。

负谊：忍于己。

正谊：忍于人。

一三二

必然是主观的。

以客观有必然是主观的。

力是主观的。

以客观有力是主观的。

此盖即休谟始创之因果说。（力与必然或必然关联在休谟都同一义。）

而罗素大章之。

* * *

因果必然非客观实有。

"科学只论所现，不论所必现。"罗素说。

"必然"这个观念，乃是人化的观念。

"力"这个观念，也是人化的观念。

旧因果观念中，所有对的不过是事情可以其相关关系集合成群。而此不过一个所观察的事实，并不是一个"公法"或"畴范"——侥幸，非必然。罗素说。

在身与物的作用上，试试看，是不是除了东西的常在一起，因而心遂由此推彼外，还能成什么因果与必然的观念。休谟说。

使二乘二等于四，或三角形的三角等于两直角的必然，只在于悟性作用中。联合因与果的必然或力，只在于心之（由习惯而造成的）决定由此过到彼上。休谟又说。

总之，必然是存在于心的一种东西，非于物者。

力与必然就是所谓因果间习惯了的移转。是觉知的性质，非物的。休谟并曾说。

这并不是说，自然的作用是依附人的思想推理的。

自然的作用对于人的思想推理，是独立的，固休谟所承认。

休谟承认因果关系必要的两成分是接联与相承。

物与物之互有这种关系，全独立于，且先于悟性的作用，亦休谟所见到。

只是于此之外，更求一种力或必然的关联，那是物上没有的。

世界也没有偶然，休谟也说过。

＊　＊　＊

"将来的事不能由现在的事推出。

"对于因果的信念就是迷信。

"意志之自由，就在将来的行动，现在不能知道。只有因果是一种内部的必然，像名学的推断的一般，人乃能知道将来的行动。"

…………

"明天要出太阳，乃是一个假设；这就是说：人并不知道是否它要出。

"因为别的什么已出现，这个什么必出现的那一种的强迫，是没有的。只有一种名学的必然。"

维特根什坦于其名理论里如此说。

一三三

有怎样的语言文字，有怎样的数学名学，有怎样的哲学科学。

但是语言文字是社会的。

如罗素说。

一三四

长久言之，世事乃是一套周期不定的展进不已的周期现象，种种成分交相作用。

既不可横着割裂，亦不可纵着斩截。

说定：某定某，某依附某，都是一孔之见。

一三五

"说什么是对于社会好的，不是行为论者的业务。"行为论者只在供给养成社会所需要的人的方法技术。行为论心理学创者涡岑说。

罗素也说过："决定人生目的不是科学的职司。科学能昭示出一种道德哲学是非科学的，意即无裨于随便什么所欲的目的。科学也能昭示出怎么样子把个人的利害与社会的和谐。……可是宣告人生目的，使人觉识其价值，则不是科学的业务：那乃是神秘家，艺术家，诗人的业务。"

"世界善恶的问题是一个科学的问题，非哲学的问题。世

界如有某些为人所欲的特征，人便要称之为善。"可是世界有
无这些特征，哲学不能决断。罗素新近又说。(《哲学大纲》)

"哲学自觉的目的应只是尽所可能地去了解世界，不当是
去安立以为在道德上可欲的这个或那个命题。"

"哲学应使人晓得人生目的，以及那些在人生中自有价值
的分子。"

可是"哲学并不能自己定人生目的，不过能使人超脱成见
的暴虐，超脱因褊狭的见解而起的牵强矫揉"。

"哲学如能助人感觉到爱，美，知识，以及生的欢乐的价
值，哲学便是在人那将光明到黑暗世界的集合事业上，演了它
的分了。"

* * *

然而人类的无理性：为什么所震骇，便愿意什么万能。

一三六

科学与哲学，或也许只是程度的分别。

科学与哲学，同在循求知识。哲学的知识，本质上，且与
科学知识无殊。

哲学也应是片断的，暂时的，渐渐逼近于实的，同科学

一般。

"哲学与科学分别的，只以较为批评，较为普遍。"罗素如此说过。(《哲学大纲》)

所以比较地就一意义说，可说，"哲学是可能者之学"。(《哲学里的科学法》)

哲学不定，因为定了便成科学了。罗素又尝说。(《哲学问题》)

"科学已是一个历史上的产物，刻刻均假定有一种由常识而得的多少有些飘忽空泛的理论背景。这就是科学与哲学间的一个差别：虽非永远成功，哲学是总求把其推断，用一种绝不只因历来总假定什么就假定什么的形式敷陈出来。"罗素新近说。(《物之解析》)

"科学尝试假借科学律把事实集合成束；这些律，而非原来的事实，乃是哲学的原料。"罗素最近又说。(《哲学大纲》)

"哲学要把科学知识加以一种批评，但非从一个究竟上与科学的见地不同的见地，乃是从一个少涉细节而多涉特殊科学全体的和谐的见地。"即是，"非是自外批评，而只在看种种所谓知识者，是否相容，所用推断是否妥靠。"

"特殊科学全由用由常识而得的观念而长成，即如物与其性质，空间，时间，因果之类。科学自己已经昭示出来，这种种常识的观念没有一个可以完全用以作世界的解释。可是去担任把根本观念加以必须的改造，却也很难说是什么特殊科学的职司。这不得不是哲学的业务。"

怀惕黑也说，"哲学是种种宇宙论的批评者。"

又说，"哲学把种种科学与具体事实对质。"

也可以说科学是根据过去的哲学的，待科学日高日精，旧哲学不能支持之了，于是便发生一种新哲学。这种哲学如是照顾科学的结构施用科学法而作的，便是科学的哲学。

科学日进，然如罗素说，哲学也是一个赓续不断的活动。维特根什坦也如此说过。

就另一意义说，科学的哲学就是科学的自觉。

一三七

如前说，以前的逻辑教人怎样去推。

现在的逻辑教人怎样不去推。

以前的逻辑假先天的原理，加人以桎梏，以障可能的开发。

现在的逻辑是"想象力的伟大的解放者"，开发种种可能，供献无数的可循之途，可取之理。

这样的逻辑是数理逻辑，是唯一能解决哲学问题即逻辑问题的。

一三八

唯我论（独在论）一个意思是唯有我。

唯我论又一个意思是以我起证，自我以外皆不可证明。

罗素说，唯我论，在逻辑上，是不可驳的。但也无信之之必要。

维特根什坦说，"唯我论，严格贯彻之下，便与纯实在论合一。唯我论的我缩成一个无扩展的点，而与之配合的实在留着在。"

自称为唯我论家的哲学家，事实上会以没有别的唯我论家而惊诧。（见《哲学大纲》）

罗素说，这证明，"就是自以为信服唯我论为对的人，实在也不相信之。"

罗素是浑二义为一了。

可是，也借见以我起证之不当。

但是，唯我到极处，我而缩到几于无，则纯客观宜立己。

又是一个相反之相成。

* * *

他人，外物，世界，自然，之存在，是确实的。西洋历来的逻辑，如不能证明之，这只证明西洋历来的逻辑必有毛病。

一三九

似无意义的，实最有意义的：

漠忽，矛盾，拖沓，兜圈子。

所思（其二）

一九二五年三月——八月

一 "万物之灵"

"取的态度，和我们不同的人，我们便谓之为'危险'。承认另一种伦理标准的人，我们便谓之为'不道德'。没有分有我们所有的幻想错觉的人，我们便判为'怀疑派'，从不曾麻烦麻烦脑筋，查一查他们是不是也自有别一种的这个。"

安那头尔法兰西（Anatole France，法朗士）① 如此说过。其实何止于此！不赞成我们的办法的人，我们不是还称之为"过激"或"反动"么？

———————

① 这个名子，必须这样译法，乃不失原来的意思。不可改得取顺还未大通行的"法郎士"或"佛郎士"或其他之名。

* * *

"恶是必要的。如果没有恶，也不会有善。恶是善唯一的潜而有力之因。没有危险，勇敢如何？没有苦痛，慈悲如何？

"大同共乐的世界里，杀身成仁，舍身取义，还成什么东西？没有罪恶，我们能想德行么？没有恨，我们能想爱么？没有丑，我们能想美么？地球之可住，生活之值得生活，均由于恶与愁呀。所以我们不要太苛待恶魔。他乃一大美术家，且是一大学者。至少，世界之半，已由他创造成了。而且他这一半非常之巧的隐砌在另一半中，使你，不同时同样的伤害了另一半，便想动它一动，也不能。凡你毁掉的罪恶，个个有一个相应的德行，与之偕亡了。"安那头尔法兰西还说过。

是的，我们要有善，是还要有恶的呀。我们要有爱，是还要有恨的呀。我们要有美，是还要有丑的呀。我们弄假，是为的成真哪。我们学愁，是为的动人之心哪。我们要危险，是为的成就勇敢呀。我们要苦痛，是为的成就慈悲呀。我们战争，是为的成就和平呀。罗素不是要威尔士记着么："了战之战"（"war to end war"）！

这个世界，真是少不得人类。没有人类，怎么有这些个善恶真假美丑……的对儿？没有人类，怎么有这些个对儿的新名词？

二 物质文明对精神文明

"精神文明"！"精神文明"！

凡是嚷精神文明的，凡是要精神文明的，都是因为没有物质文明的缘故，都是因为物质文明倒塌了的缘故。

如果有物质文明，如果物质文明好好地存在，嚷一嚷精神文明，要一要精神文明，绝不至于这样的受"咒"，"祝"。

你咒骂要精神文明的么？你咒骂嚷精神文明的么？你应当给他们以物质文明，你应当使物质文明不倒塌。

你如果只空空地咒，你如果只空空地骂，你终脱不了与他们是一丘之貉！

* * *

一个人没有饭吃的时候，你是不能禁止他胡思乱想的。

"你为什么不努力？

你为什么不干点正经事"？

呵呵！"饿死事小，失节事大"！

"人为万物之灵"！

"人是有理性的动物"！

人不吃饭的时候，是可以干"正经"事的呵！呵呵！

三　精神与物质

所谓文化已高了的国度里的，或所谓名教礼义之邦里的人，轻物质而扬精神，实在是一桩甚可原谅的事。

己所没有的东西，最好是瞧不起它。这是再妥当再简便没有的办法了。没有这类的方便法门，人是一天不能过活的。"情人眼中出西施"，不出西施，又怎么样呢？他有玻璃镜，我只有铜镜，自然是铜镜照得更准确。人家有数力声光电化之用，而我无之，或袭来而不精，一个"奇技淫巧"了之矣，也算了什么！

这是一方面。对踵的人，怎么样呢？"物质条件"！"物质条件"！"思想，算了什么"！"理想，何济于事"！"如果不是物质条件齐备，人能有什么力量"？"一个人的想头，终不过空想"！

一切皆是物，人是在一切之外的么？思想就不是一种物质的力量么？一切东西，都有力量，人这种东西，则是除外的，独无力量么？思想如是一种物质的力量的话，就不能也有助于进化或退化么？人究竟比别的东西，有什么特别重要出奇的地方？思想意识知识或认识，和刮风，下雨，籴斤米，喝口茶，会会朋友，当真不是同样的是什么现象或关系么？

让我就再在此地，至极简单，力求明白，不管草率地说一句罢。在现在所谓进步的国度的思想界里，有一个我认为对的趋势，已在日益加多的方面，日益显明出来了，这是什么？这便是"纯客观主义"（Pure Objectivism）。不论在天文，生物，社会，物理，心理，哲学，哪一种的学问里，以至于宗教神学中，都是可以看得出来的。数学是纯科学，更是不待言的。但如若那个名子，还未见为其本土人所用，便算自我作古，也无不可①。我以"诚实"为对的标准，我确信这种趋势是对的。是真正跟科学法而来，是真正使用科学法的结果。我不一来就问你信不信，我但愿你也肯注意这个一下子。

四 "饶恕"

大概，无论如何，这个世界是少不了罪恶的了！大概，无

---

① 十七八年前，一个美国的实在论者叫蒙台歌（Montague，蒙塔古）的曾用过一个"Panobjectivism"（"泛客观论"）的名子，既没曾通行，也不像现在的客观。

（按纯客观论的名子，以后已见于蒙台歌，杜威等新近的著作，但不是我的意思——一九二八年二月十六补记。）

论如何，这个世界是少不了丑恶的了！

你一定是要活着的。你一定是要吃饭的。你怎能还不低头？你怎能还高尚呢？

你不但要生活，你是还要生子孙的呀。你是还要传种留后的呀。你不但要饿，你是还有"立鼻兜"的呀！那么，你又怎能不配对儿睡觉呢？那么，你又怎能还不污秽呢？

你要自由么？世界还有别人呢，并不只有你一个呵！

你要平等么？老天爷头一个就不这样想！不然，为什么他一个独高高在上呢？你想那神！为什么永不与人以共见呢？

＊ ＊ ＊

我初以为：

"在这个世界，不会饶恕的人，是一天不能过活的。"

继而想：

"在这个世界，让不会饶恕的人，都死掉！"

现在则说：

"在这个世界，让不会饶恕的人，都被饶恕了罢！"

五　翻筋斗

罗素的确是从这儿学了东西去的。他们那儿的人，劲儿上得诚然太足了。罗素是相信思想的力量的；那么，他的"懒"的福音，定可全活甚众。

这儿的人，则太"不在乎"了，太什么也"算不了什么"了。可是虽说太不在乎，究竟还未不在乎的到了家，所以这件"懒"的福音的制造品，竟不宜贩来用。如果真正到了不在乎极了的时候，则也就没有什么不可以。在现在这个不在乎而还未到家的当儿，我不能不觉着，对于这儿的人，合宜而必要的，最是一个"干脆"。

永久不干脆，也许这儿就永久死沉沉地下去了。一干脆就好了么？天地间却也从没有这样便宜事。如果曾有，且仍有，这样便宜事的话，便那儿用不着"懒"，便这儿也用不着干脆。

那么，该怎么样呢？老实地说罢：该干脆了，还干脆；干脆，干脆，干脆个不休！如在"习见"的"口头禅"中，找一个例喻，我便可以说，该"重新估价"，"重新估价"，"重新估价"个不休！

* * *

上次说的：人家有数力声光电化之用，等等，虽是一宗方便法门，究竟也是一种坏习惯。要打破这种坏习惯，非拿大炮轰不可。但不轰不改，一轰却要翻半个筋斗。譬如，原来是脑袋朝天的，一轰之下，便要竖起旗杆来了。原来是蔑外的，一轰便变成媚外了。这也无妨。总之，轰一次，半个筋斗，轰一次，半个筋斗；勤勤价轰，就练得越来越灵俐了，翻得好看起来了；到了火候，也就分不出什么时候头朝天，什么时候手踏地来了。

我往尝说，最好的社会是从它得一个比它更好的社会，最可能最容易的。以此为"最好的社会"的界说之半部，百提（罗素之昵称）是早已同意了。现在想到"干脆"与"翻筋斗"，引起旧念头，则要说，最好的社会是最容得下干脆地翻筋斗的了。

大概，人的翻筋斗，和百提的同国以翻大陆的新书名家的保罗梁孟（"Comrades" Eden and Cedar Paul，伊登和塞达·保罗）所说的冰山的翻筋斗，是同样的好玩儿而有意思的。大家愿看么？

那么，就扳炮机罢！

六　两便

中国人没有国家思想，是许多人共认的事实了。这在现在，诚然颇为不利。但从另一方面看，也不见得没有好处。无论如何，今之有意改造中国社会的，不可不把这一点，放在计议之中。不然，不论抄得什么试验过的或没试验过的外方，是难得会有济于事的。

最近，有人又发见出中国人之"玩"来。这真不愧一大发见。但是他不信从玩会做出有益于社会，国家的事。我之信则大异于是。

旁的且莫论。就像很好的文章，不是从玩做出来的么？为了玩，很好的文章做出来了，报纸的白不至于空了。为了玩，有了很好的生意了。若是没有玩，何从来那样多的送殡的群众？若是没有玩，怎么天天会有成千成万的来吊的？因为怪好玩的，才呐喊几声"打倒军阀""取消不平等条约"。若是没有"怪好玩"，岂不要呐喊几声这个的，更少了么？这样看来，这是多么彼此方便的事！"玩"也何负于人呢？中国人只是不高兴与人两便，于是遂弄出什么几岁不同席，什么言就不入，什么言则不出，什么对什么授受不可以亲，什么女大学的学生的信就要检查好几道，等等来。不信从玩会作出有益于什么的事来，总该不是由于此罢？

究竟"玩"何负于人？

蔼理斯（Havelock Ellis）不是尽力要人生像种艺术似的

么？单对这"人生应是戏"的理想，罗素不是也同意么？蔼理斯为此，不是还作了那么一大本叫什么《人生之跳着玩》(*The Dance of Life*，《生命之舞》) 的书么？难道，"跳着玩"就不是玩么？难道，"玩"不就是艺术之类么？

再说"正经"了点：科学法的"无所为"或"不为偏私所转移"的态度，"玩"也似乎与它还相近罢。没有"为学问而学问"，"为艺术而艺术"，学问既不得精，艺术是也不能美的。然而"玩"与那个似乎也有些差不太多罢？

据国故整理家说，"幽默"是国故里面整理不出的东西。然而，"玩"，也未尝不见得不是"幽默"的非常之类罢？

七 "介事"

一元的二元的多元论是与"有穷而无限"，或晴着天下雨，同一样的非自相矛盾的。一元指中立一元论而言；多元指绝对多元论而言。二元则谓对戡法 (dialectic) 和两极性 (polarity，polarität，十八十九世纪之交德哲家舍林格 [Friedrich Wilhelm Joseph von Schelling，谢林] 初用此字于其"自然哲学"。今亦或用 bipolarity)。怎么能多而又一呢？罗素曾答我说：中立一元论与绝对多元论"一点也不抵触。东西（项目）

是有许多，但并非属于根本相异之两类"。此二者可说俱是言体，二元则近于谓用，故亦不相牾。不过百提近尝言：愿以"行为学"为根据，把哲学界说为"造作谬论以隐人自己的无识"。去秋去世的卜赖德雷，原是晚近所谓正宗派的元学最大家而尝与百提交誉相非的，也尝说："元学即是替人本能上所信的，找些坏理由。"不用说捏造个宇宙全体来弄把戏，就是讲到更小的东西的全体，也常常是要弄得无谓的。所谓一元的二元的多元论者，特以见成名陈范之不可不挑破而已，特以见名子的魔力之宜知晓，之宜祛除而已。

* * *

有一句话颇好："夫言非一，亦各有当。"就近取譬：柏格森的直觉主义，詹姆士的实用主义，杜威的工具主义，舍勒的人本主义，亦未尝不各有所当。只不安于其当，或解者以超乎其所当者解之，便错谬层出了。

* * *

"无所为"就一义说，是很有所当的。就又一义想，便觉是欺骗之谈。"不为偏私所转移？"亦如此。但说"有所为"的，为的是什么呢？干脆地说：只是为的你自己！"为人生而学问"，"为人生而艺术"，和"为学问而学问"，"为艺术而艺术"，其言冠冕堂皇，原没有什么差别；都与"人是有理性的动物"是从一个祖宗传下来的。可是说"为做梦而做梦"，"为人生而做梦"，人总容易觉其可笑。就是萧罗乙德的梦说中，"为睡觉而做梦"之一点，也觉是尚待商榷之一点。却是，唯其人是"有所为"的，所以"无所为"的态度必要。唯其人是"为偏私所转移的"，所以"不为偏私所转移"的精神该有。唯其人是每每为主观所宰制于不自觉的，所以"纯客观主义"的方法可宝。如果人类除"是"以外，还应有个"应"的话。如果内觉己之有，即外感他或她之有，而已与他她它们还要结种种关系以过活的话。简单言之，即是如果要个"美"，于是回转来，即是如果自己要有个美感的话；即是如果自我与其"立鼻兜"要一并表现的话。

* * *

"真理只应天上有；人能近之，不能及。欲期最近于真理，教育须得教人以诚实。——成立意见，必本证据；证据不强，概不固执。所谓诚实，即此惯习。"去年百提曾说过这样意思的话。但以"真理"与"诚实"对，于詹姆士已见之。更前，未之考。

* * *

"今日适越而昔来"：自相对论出，似已无难。其非"无谓"（nonsense），总益可知了。

* * *

"连环可解也"：可以长宽高三度以外之第四度为之解。

* * *

"南方无穷而有穷"：盖即黎曼（Riemann）的或安斯坦宇宙论的"有穷而无限"之漠忽的罢？

* * *

人事之推衍如摆。这座摆是不是要终于静止，非我之所知。如据已有的短更为凭，摆幅大概是逐渐递缩的。从一方面说，希望在此；从又一方面说，绝望也就在此。大概"对戡法"所说，要不外乎这个"摆"的道理。对戡法者：一事为正，一事负之，负又被负，正负错综，相反相成，相冲以进行。至于每一摆之现缘，则社会之经济的有定论所解说。

* * *

天才大概是有的。什么是天才，天才是拿什么做成的，则还是悬而未决之疑问。我却曾参据融通楞卜罗谢（Cesare Lombroso，龙勃罗梭），淖尔道（Max Nordau，诺尔道），莆罗乙德，蔼理斯四个犹太人（？）之说，找出一个悬拟。我觉着一个人所具的"立鼻兜"，分量到了某数目，便成天才。这样子，天才之于常人，同金刚石之于煤炭或制铅笔的黑铅，是一样的。质是同的，只数目有异。就或以纯不纯论，以天才对常人，与金刚石对煤㷱，也颇觉"于伦"。若问数目乃有这么大的立异力量么？我说是的。郑重地告诉你：毕达哥拉的"凡物都是数"之论（邵雍的"数为物宗"？）现在是正在科学里又兴起来了。与此关联的，即宇宙种种断而非续之说。这种说在近来也是一种革命说，也是以数学开其始。近代数学所用的"相续"，其名为续，其实则断也。

＊ ＊ ＊

"仁"与"科学法"，是我认为人类最可宝贵的东西的。仁出于东，科学法出于西。我往在每周评论上（一九一九年春）已说过，"科学法是西洋文明最大的贡献"。后见哈佛教授实在论师培黎（Ralph Barton Perry，佩里）在其"现代理想的冲突"也尝如此说。又后来罗素在其"中国问题"中也有过同样的话。其实这法的精神，本不外乎诚实二字。反过来说，即是孔子之四绝："勿意，勿必，勿固，勿我。"而祛倍根之四妄："种妄，穴妄，市妄，戏妄。"

* * *

更正——上次"所思"其五"干脆"中，开首好像说，罗素因为西方人在"勤主义"之下，"过"得太勤了，所以宣说"懒"。这未免说得简单点了。罗素似乎还有一层意思是：人如努力于为恶，就还是懒一点好。又一层，至少中国人看着似乎是老生常谈的，意思是：人不是专为做事（正经事或照例的事）活着的，人更应当"玩"。当然，对于中国这个玩得出了流弊的民族，也许应该另样说法。

八 "还是玩玩儿罢"

"当一日和尚，撞一日钟"：钟，中国人是还很在撞的。钟声，却渐渐地听不见了。这意思，大家当无甚不同。但这是因为什么呢？我可以说，这是因为太不"为撞钟而撞钟"了，这是因为太想吃饭而不懂得玩了。中国人是太实用了。中国人是太拘谨了。中国人只是懒。中国人只是太好贪小便宜。中国人何尝玩，中国人何尝懂得玩。中国人是什么也不努力，有什么于"好的"，于"坏的"？

玩只要玩到家。玩只要像个玩的。玩只要能够玩得翻新花样。动曰"好的""不好的"，谁是道学家，谁是有识者，而能这样容易地定个标准？中国人只是不玩而疲。中国人只是千年一贯，千篇一律。一个人说工具，百个人说工具。一个人说冲动，百个人说冲动。一个人说人们，百个人说人们。一个人小妹妹小弟弟，百个人小妹妹小弟弟。一个人单四嫂子，百个人单四嫂子。这才真正讨厌呢！但令你敢做，但令你有你自己，管它什么蟊贼不蟊贼！在这个死气沉到万丈深的社会里，你再不可总想着："这么一来，就犯了什么禁例忌讳德律罢了。"怕不怕你放大炮，怕只怕你虎头蛇尾，急功，贪便益。为恶真能为得呱呱叫地彻顶彻底，无论如何，男儿或女儿的好身手，是不负的。无论如何，敢做乃有办法。总是东也不敢动一动，西也不敢摸一摸，东伸脚怕踢倒东家藩篱，西抬腿怕碰着西家墙壁，那就说，也没有什么可说了。

中国人的这个样子，是玩于恶之过么？是不会玩不敢玩之过也！中国人已没了劲！否，中国人也没了气！

罗素说中国人没有野心，我深觉其为实话。但他又说中国人是最好笑的民族，我头一个就不赞同。他不晓得中国一般老百姓笑里头的意思。中国人已经没了气，还说什么笑！笑而不能，哪里还会玩！

九　说实话

一个人总有他逃不脱的禀受。一个人总有他洗不净的习染。一个人总有他打不破的迷信独断。一个人总有他不自觉的成见欲期。据我的禀受，依我的习染，照我的迷信独断，或者再顺着我的成见欲期，我确信，要把世界人类生活的一段，弄得不再像现在这个样子，"说实话"乃是一个非常必要不可缺的条件。必须把人自觉或不自觉的种种动作，真情实况，统通赤裸裸地揭露出来，再不容什么东西有所逃技，人生乃有出路。必须人人胆敢直觑事实，无所避匿；必须人人胆敢见着什么说什么，觉着什么说什么，无所增也无所减：有癖结就自白有癖结，欲有所增减也就说欲有所增减，夫然后，人类乃能像个样子。

不错，普泛而论，人世倒也像是向此而趋的。科学法是一个表示。罗素学是一个表示。荙罗乙德之心理分析，尤能成一个表示。据荙罗乙德新获之说，人的心官可以分为两部。一部是一个与外界接触的"我"，是赋有意识的。又一部是一个"它"，是无意识的，是为冲动所主宰的。无意识或不自觉，通俗言之，原只是意识所不及，自己所不能识觉的意思。人生来就有些心的活动，为自己所不知；也有的因为己与群所不喜遂摈诸觉外之域。人类种种重大的欺瞒掩饰，可就于此苗芽扎根了。茀罗乙德的心理分析，本是要自成一种所谓"深心理学"（心之深藏处之心理学）的。本尝自谓可以指识为一科"它"和它在"我"上的影响之心理学。对于这个"它"，这座无意识的牢狱或堡垒，特大下探察的功夫，要完全地把它攻破挑翻，使其中的活动，也终于为一般意识所及，自我所觉：使得就是这个秘密所在里作弄的色色勾当，也通通平白地暴布于天地之间。系统地做成个"人焉廋哉！人焉廋哉！"所以这科心理分析的学术，的确最可有助于揭穿今日人类之饰伪大病。就如男女接合，本与饮食，是一类的事情。顶多也不过像煞较为繁重一点而已。就是什么孔孟，本来也还把它们同等看待，说了些什么"食色性也"，"饮食男女，人之大欲存焉"之类；虽是终于定了七岁怎样，八岁怎样，左边走，右边行的等等办法。而今之人，可越把男女一节，看得不知怎样的幽渺神圣污秽了。爱哪，恋哪，奸哪，妒哪；多夫多妻，一夫一妻，一夫多妻，一夫妻妾，多夫一妻……只有这些较有明文的，简直已经闹得不可开交。只因祖宗错走了一步路，圣人们搬弄了一点无识，一件极平易近人的事，竟几乎成了万恶之源了。心理分析特别在这个紧要交关上，发了不少的平淡而吓煞孔孟释耶之徒的着实议论。人如敢于领受，裨益岂能会鲜？

　　这个向实而趋的趋势，也就是我前此所谓纯客观主义的一面，普泛"抽象"而论，诚觉着是潜在而实有的。不幸，找到中国，可觉殊乎其不然了。今日中国，不知怎的——大概是应乎"世运"之自然罢！——出了许多小圣人儿。他们的言论行动都可以垂训万世，他们的所见所闻都是些天经地义。你一点也沾惹他们不得。你一点也不可说他们半个破字。你如说中国的大学学生程度不及德法的中学生，那你便是诬圣非法，大逆不道。你如说一个城里的几个同属国立的"大学"，可以并合为一，把几个校长变为学长，减掉多少教员的重复钟点，废掉多少叠床架屋而因陋就简的设备，那你便是反革命的反动派而军阀之走狗。其实，军阀之恶，究竟还有多少人大声小叫地不辍地骂着。对于这些小圣人儿们与其师或其首领，可曾有几个"人"说过个什么？军阀之恶是显著的，而且确实已为大多数人所知晓所咒诅了，确实已成了千手所指了。至于（一）许多应该最有希望的青年为虚憍暴戾之气所中，而莫敢谁何；（二）诚然老年的晚焰还在盛着，不敢公然说青年什么，也许是怕老年益据为口实，这是可谅的；然而对于酿成这种情形的现状，竟至熟视若无睹，再不敢，再不想切实谋个打破：这才最是中国前途之忧呢！这种内发的隐疾，浸淫之效，简直较之外袭的，帝国主义之类，更大，更长远。帝国主义既是无疑义地应当打倒，这种样的内里的不良，如何不也同应消除！

然则消除有术乎？我可立说有之。但是绝不是暴怒与震恐。也绝不是压迫与畏缩。第一件必需的仍然是科学。当然尤其是科学法。尤其是要养成科学法的脾气。在中国的今日，实在应施行深厚的革命的科学的教育。应提倡一种实在主义的逻辑运动。应提倡一种情感理性合一运动。易言之，就是必须普及那种纯客观主义，要普泛地表现出向实而趋的健壮趋势。反之，已经大江南北谬种流传了的美化的浅薄教育，应当立起而揭其覆。对于这种种，今日不可不就有少数人赶快出来从事。在这地方，我们不得不相信一点罗素所信的思想的力量。万不得已：设非有此，我们要营的，将成一种什么样子的苟且生活？"处黑暗的日子，人需要有一种清晰明澈的信仰，有稽有据的希望，与夫由此而生的不把前途艰难放在意计之中的沉着恬静之勇。"这岂不是我们实在看不惯现状中任何不良之点的，正应身体而力行的么？我独怪以前大声呐喊"赛先生"的，现在独不知藏到什么地方去了。本来 science 不过 science。明明客观的东西，可万物皆神似的把它人身化了，原已大背科学之旨。时势凑迫，仍不免于今日，还有什么可以徒说呢？有：

"你们必晓得真理！

真理必叫你们得以自由！"

十 "圣人"

"圣人不死，大盗不止。"假使世界不曾有过"圣人"，世界也许不至糟到这般田地；人类也许不至虚伪到这般情景。

现世也许没有"圣人"了。然而"圣人"的鬼魂，却还在人类的脑子里盘踞着。

无论先前留下的，或是现在继造的，种种范畴（catagories），人总是轻易不能把它打破的。无论先前排下的，或是现在新设的种种道路，人总是轻易不能不顺着走的。别人以为一的，他就轻易不能以为多。别人以为如此的，他就轻易不能以为如彼。别人一涌而往东，他就轻易不能独自个往西。于是乎遂牢不可破地相信：过去如此的将来也如此。

人类就是这样一种没出息的东西！

人类就是这样一种容易被催眠的兽！

* * *

"圣人不死，大盗不止"，是不错的。然而如果人人不相信"圣人"，"圣人"也必不会有把世界弄到这般糟，这般虚伪的力量。

自己捏出神来，自己为其牺牲。

自己造出"圣人"来，自己受其搬弄。

人类又是这么一种万物之蠢！

人类又是这么一种无理性的动物！

十一 "名流"一文钱买几个？

现世也或没有"圣人"了。然而却有"名流"。

这几天来，耳之所接，目之所触，总少不了"名流"两个字。真不知这是什么年头，"名流"都上了市。古云："过江名士多如鲫。"现在一变其名而为"名流"，而如蛆似的都聚在京津来了。

"名流"，代了"圣人"庖，一新老例遂成立。这便是"名流不死，大盗不止"。我说这话，我是一百二十分知道我的责任的。

* * *

富人守其财。当权者守其权。美人守其色。"名流"守其名。"名流""名流"，其情如此！其怎能不饰伪自欺以欺世呢？

十二　涅槃那

人之大欲，表面为生。人之大欲，里面为死。

"全个生活之鹄的，不外死。"莆罗乙德如是说。

"那个活着，那个想回归于死。"莆罗乙德又如是说。

"我们所谓生活现象，不过生物种种迂曲委转就死之路罢了。"莆罗乙德又说。

"本能（或冲动）就是生物所有迫之以恢复其先前一种状态的倾向。这种先前状态本是生物因受了外面扰动力的影响抛弃了的，而其本能则迫之恢复之。是即本能不过一种有机体的弹性，或说是有机体生活中惰性之表现，也无不可。"这又是莆罗乙德根据自己发见的有机体生活现象，为本能或冲动下了的界说。

"是则一切有机体的本能都是保守的，从历史上得来，向退转方向而趋，向恢复失掉了的什么一种旧东西而趋。既然如此，则凡有机体发展之果，均不得不归为外而搅扰，折磨，顿挫的影响之功。……只因为本能把外面个个强来的变革都摄化了，于是它表面乃作成一种幻相：像煞是向着变易，前进挣扎似的；其实不过新路旧途地只求达到一个老鹄的而已。"莆罗乙德又如是推阐说。

然则，死果有如此之内在的必要乎？死果由于一种自然律之行使乎？萧罗乙德慁的所信，果非为死女儿而发牢骚乎？慁的所信果非亦仅人造以自助以负生存之重负的幻念之一种乎？

十三　生计

我说今日中国知识阶级的大毛病，一为太自是，二为虚浮盲从。其实二者还是一体：一个盲从己，一个盲从人而已。其实今日知识阶级的根本毛病亦岂止于此。至少还有一个，是也缘生计状态而生，也与那两有联带关系的不耐烦。头一天（八，二七）想此，第二天便得百提书论此，我如之何不喜。是与应的分别，百提与我的意见又是同的。

* * *

一九二五开首即重刊百提与怀老（即怀特海德）教授的大书《数理》（*Principle Mathematica*，《数学原理》，第一卷，首尾俱有新得之增益，俱出百提），继出百提自己的本头诚小而实亦大的《我所信》（*What I Believe*，《我的信仰》）：一九二五已为不负。

* * *

人说张李。我说今日如真有老牌的张李，必今日离太平日子已近一点。然而什么是太平，不乱而已。什么是不乱，不争而已。什么是不争，无事而已。什么是无事，停滞而已。什么是停滞，死而已。人何以望太平，望死而已。

其然，岂不然乎？

* * *

本没有什么美貌，说什么丑态？

原是无公正的世界，何来公正之皮？

如此，说有蒙着公正之皮的丑态，得勿更与龟毛，兔角，独角兽，圆的方，同一样地，自说"只有一个世界，即那'实'世界"的看来，系由于"朴实刚健的实在之感"有所缺欠乎？

* * *

今日中国之厄运：历传的道德观念的权势已就倒；异基础的道德观念的影响已侵入；适乎此地此时此刻此族的一尊的道德观念未树立；旧传的道德观念的鬼还在人人之深处伏着。

问何依而致此？曰，生计。

而若彼若此者，亦何止道德观念而已。

而道德等者，亦是互相镇服之具。

* * *

"非人之意识定其生活，乃人之社会的生活定其意识"，马克思说。

* * *

　　人何以不信唯物史观？"心解"之下（psychoanalysed），将见也是主观之蔽，与信"日月众星绕地转"，"空间时间是独立而绝对的"，"即心即自觉"；而不信"人与猴子同祖"，统统一般无二。把这一类的信不信一齐挑破，便是"纯客观主义"之职志。

肺腑语

一九二四年十二月

一

"我爱真理。我相信人类是需要它的。但是人类确实更需要诳他,安慰他,给他以无穷希望的虚谎。没有虚谎,人类会因绝望抑郁而亡。"

安那头尔法兰西这样说。

什么是真理呢?

真理就是实话。

我相信,说实话是今日人类第一急务。

人类究竟是什么东西?人心里头究竟是什么东西在那里活动?直到今日,这等紧要关头,却还隐在黑暗里。偶然有人说破一点,几几乎不拘什么人听见,都要气的恨的或愧的,要与说者不两立。

但是不把人心里的情实完全说破，人类是不值得生存的。所以百船罗素也说，他爱真理尤甚于爱英国。罗曼·罗兰也说，他爱真理尤甚于爱人类。

我更相信：说破人心里的情实，是改造世界的第一个根本手段。

必这样子以后，人类乃不再依靠虚谎生存。

必这样子以后，人类乃不再像现在这样地无聊，如安那头尔法兰西所说。

二

"无私心不发公论。"

你不必批评人，待机会给你，你也是这样做的。

你不妨批评人，待你这样做时，同样受批评，就是了。

您批评人，必是人家不合您的意思了，您的意思就是对的么？

* * *

人不是有理性的动物！

人不是万物之灵！

人是有理性的动物。理性为情欲所制宰。

人是万物之灵。灵于饰伪。

* * *

"人心唯危。道心唯微。唯精唯一，允执厥中。"

三

人若想得开，一定自杀：生活不过这么一回事，活着有什么特别趣味呢？

人若想得开，一定不自杀：既然都不过这么一回事，又何必多此一举呢？

人若想不开，一定不自杀，所谓好死不如癞活着。

人若想不开，一定自杀，所谓一时短见。

想不开，也想得开，自杀也不自杀：谁能合此二者？是谓通道。

人固不可轻生，也不宜把生看得太重。人如不把生活看得太重，什么事不可为？人如不把生活看得太轻，自然不轻于为恶。

如果天下善事，皆待我而举，我何为死？如果天下罪恶，我皆与有责，死也无益。

　　许多好事不敢为，也不过贪生之乐，吝惜一死罢了。有死之心，不轻一死，而行不惜死之事，死于一次，而不天天死，"不死"自此起。

生之反映

一 宗教的传布

摩诃末（Mohammed，穆罕默德）之布教，一手持可兰经，一手执刀。人皆以为专横，人皆以为蛮野。

其实，但稍想一想，哪个布教的方式不是如此的？

你如不信奉掌权者的教条，立时且永远会给你以经济的迫害。

而未握得政治经济权力者之布教，便设下种种骂名，使你开口不能。

这便是人类！

这便是人类的生存竞争！

二　是与应

是与应：

是怎么样，不必应怎么样。

应怎么样的不能远离是怎么样。我旧曾想。

我今以为：是是现实的是。

应是可能的是。

应是可能的是，夫然后有实现的可能。

三　理想

误解唯物史观的以为理想没有力量。

这只是一种误解。

两事可以证明之。

第一，理想也是一种物质力量，就令说理想有力量时，就成物质力量了；就令说根据于物质条件的理想才有力量。（有不根据物质条件的"理"想么？）

第二，据完全信奉唯物论的行为论所证示的制约作用。

即如听人谈名厨佳肴，便可以流涎。这岂不是很普通的现象。

名词语言的魔力，又何尝不是社会煽动者历来都利用的武器？

其实，彻底言之，天地间似乎就没有非物（不遵从物理规律）的物事。

倒是马克思本人说得近实："环境可以由人而变更，教育者自己也须受教育。"

"……要紧的乃是去改变世界。"

四　笼统与分析

普通说话都隐有所当。或说有所对，亦可。说时，却只说椭句，不把所对说出来。可是听者如不注意于此，便无往而不乖背。

譬如，就一意义说，文化显是有动静的。

另就一意义说，说西洋近代文明是物质文明，中国旧来文明是精神文明，也未尝诬。

然而心不能不粗的人却不揣什么意义不意义，笼而统之，既不认文明有动静之分，亦不认其有精神物质之别。

这不过潜移所当罢了。

是无的放矢之一种。

五 革命与科学

如果简单地自一方面看，生产资具定生产力，生产力定生产样法，生产样法定生产关系，生产关系定一切的政治，法律，道德，宗教，学术，文艺，意统，心理。那么，科学当然是促进社会变动的最大动力。

可是，另一方面，现代科学是基于现代的生产关系的，也许其实竟要不得。

那么，未来的，没了阶级的未来的科学，是怎么样子呢？应最是一件先睹为快的东西。

但是从列宁所讲的对戡法（即辩证法）的唯物论（即实在论）看，如解释得当，则现在的科学，似乎也并不见得乖违。

* * *

佐野学说，社会科学新近的进步，在对于唯物辩证法与自然科学的关系的研究。有名的远承恩格斯而从事这种研究的就是莫斯科马恩学院的马克思派哲学家迭薄林（Abram Moiseevich Deborin，德波林）。迭薄林以唯物论的辩证法为辩证法的唯物论的三个根本成分之第一。余二，即是自然辩证法，与历史辩证法即历史的唯物论或唯物史观。唯物辩证法即是一般的科学方法论，知识论或认识论也含于其中。而自然辩证法则是自然科学里的方法论。

假借辩证法（对戡法），把自然科学加以解说或董理，大概是很有趣而切要的。

六　必然

"非人的意识定其生存，乃其社会的生存定其意识。"

这总该是一句最对的话。

如果革命必然成功，则革命者必然感觉着舒服得多。

于是社会现象因果关系都是必然的了。

而上自休谟下至今日的科学家谓必然出于心的作用者，皆是主观之论！

可是，转而观之，无论如何，假定必然，假定因果索，究是科学的一个不可或缺的"可用假设"。就令其如维特根什坦说，不过迷信。

七　阶级之产生

阶级之产生，生自人间利害的不同。

人间利害，果没有同的地方么？

还是过重其异遂忽了其同？

由物极则反，一变而为物不极不反：于是便令不同者不同到极处，以求反于同。这是无可商量的办法么？

八　力的出路

如果不是我的人，就是我的敌，最后的解决当然只有力。——虽是照现代物理学的发见，力是没有的。

要紧的是那个假定的是非。

可是：谁站在裁断这个的地位？

呵，社会之进行，总在渐撕渐磨之中。

九　社会批判

不顾惜这个社会的，批评这个社会，当然可以比较客观。

要推翻这个社会，批评这个社会，当然也可以比较主观。

出入相抵。

十　无产阶级之兴起

无产阶级之要兴起，是无可疑的了。

问题在采什么样的方式。

问题在费多大的牺牲。

然而谁配解决这类的问题？

十一　生活方法

人对于生活，只好去生活，越想便越得不着其意义。

犹之走路只有走，一停便出故事。

十二　精神浪费

历来直至今日的社会，多少人的精力是虚耗了的！

十三　对戡

世界为矛盾所织成。

矛盾而一体，一体而矛盾。矛盾不已，演化无穷。

矛盾的谐和，至善之所止。

对戡或错综法（辩证法）的效用，即在于此。

"万物如流，其流如何：正负错综，相反相成。"这是对戡法的公式。

最简单说，对戡法就是观物事于其动，于其转变，于其消息，于其生灭，于其推衍，于其牵联，于其相互的关系。

一与多之会通，断与续之和融，量与质之相转，动与静之联生，悉含于对戡的含义之中。

＊ ＊ ＊

"一体的之分裂及对其互相矛盾的成分的认识，就是辩证法的本质。"

相反的之同一或一体，不但是认识的法则，也兼是客观世界的规律。

＊ ＊ ＊

相反的之同一或一体，就是看出自然（包精神与社会）一切现象与过程里的相拒相反的趋势。一切世界过程，从自动，从自发，从活的存在而想象而认识之，这其条件就在认识这些过程的相反的成分之为一体。

晓得发展演化是相反者之为一体，乃懂得所有的物物事事的"自动"：乃懂得"跳"，"相承者之间断"，"相反者之转成"：旧之毁灭，新之发生。

相反者之统一，是有待的，暂的，转移中的，相对的。而互相拒的相反者之交斗相争，则是绝对的，如动与演化然。

只是，在客观的对戡法，相对绝对的分别，自己也是相对的。在客观的对戡法，绝对也要求于相对之中。

* * *

对戡，一般言之，乃全部人类知识的特征。

人类知识的进路如螺旋。

自然与历史的展演有如摆。

* * *

可是对戡初发自哭智者。

凡是反抗者皆处于矛盾状态之中。

自然现象的对戡得勿一部分即此之反映？

* * *

这个时代是正在变的，生路窄，处处遇着敌人；重视变，重视辩证法，重视矛盾若相反，也是当然的结果。

然而终所求，却是安，却是平衡。所以又说，相反而一体，矛盾的谐和。

一九二八，二月底写

一九二九，十二月初修改

人生意义？

大家都求人生意义。

可是什么叫作人生意义？

而且什么又叫作意义？

不但这个，而且什么又叫作什么？什么又叫作叫作？

然而这后两个问题是不可以问的。

问则不免于窃问。

人知之极限如此。

* * *

如果所谓意义就是怎么讲的意思：

当然人生就当人生讲。众生如何，人生是莫之能外的。

* * *

你如愿知道人生意义，你最好先看蚁生意义，猿生意义，狗生意义，猫生意义。

＊ ＊ ＊

如果所谓意义是趣味或价值的意思：

那么，人生有无意义，便要问你自己。

如果你认宇宙一蒸笼，人生如监狱，那还有什么可说。

如果你肯定人生，当然，又当别论。

＊ ＊ ＊

如果所谓意义是理想的意思：

则我却想过：

"人生而无理想，人生值不得生活；人生而有理想，非有相当的疑，非有相当的做，非有相当的求，必不会趋近而实现。"

"一失足成千古恨，猛回头已百年身"，是无理想的成果。

＊ ＊ ＊

既假定了人生，自不可不有以善之。

如何善其生？是在使生者皆得遂其生。

次之，则应充实其生，优美其生。

人生理想，应在人生中，如是而已。

——一九三〇，夏

帝国主义等

一

我不知道我的爱国程度怎样。我总觉着，这一次上海以及汉口的暴杀的事情，并不只是中国的耻辱，乃是人类的耻辱。事情的根本责任乃在人性与制度。人性与制度不改，这种事情是常要有的。那天国民大会，我也是参加的一个。也自制了一个小旗儿打着。我的旗子是两面的。一面写的是"打倒帝国主义"。一面写的是"痛雪人类奇耻"。

二

经这一次事，打倒帝国主义的呼声，可谓已普遍极了。"虽至贩夫走卒"，就连几岁的孩子，也莫不知这句话了。这至少对于实行打倒帝国主义一层是一很有利的现象。

三

帝国主义究竟是一种很复杂而费解说的东西。流行的误解也就非常之多。最当然的误解是望文生义。打倒英日帝国主义便成了打倒英日皇帝。这也由于适逢其会。看要打倒美法帝国主义时，还怎么讲。

四

其实，今日的帝国主义乃是一种制度，乃是一个整个的东西。打倒帝国主义，就打倒帝国主义，说打倒英日帝国主义，也差不多是掩耳盗铃之计。

五

帝国主义也许太难懂，打倒帝国主义的呼声也许太熟了。于是打倒帝国主义遂一变而为打倒英日强盗。漂亮也许漂亮。然而怕不免不思不学之甚之诮。

六

打倒帝国主义的呼声已普遍。而帝国主义的意思多误解。我以为这是目下，或目前的将来，一个思想问题。

七

帝国主义本是英国一种政策。现在英国的外交大臣张伯伦便是这个政策主脑人物。既然他方又当政，对于中国的情形，乃是当然。欲知详细请看 *Empire and Commerce in Africa* (by Leonard Woolf)。

八

今日的帝国主义乃是一种制度。帝国主义之为制度，是资本主义的制度最后必至之一级。它的效用，一方在为资本主义延残喘。一方在替资本主义掘坟墓。

九

原来照资本主义的性质，只有工业十分发达的资本主义国家，而无工业不发达所谓经济落后的国家，则那只有的工业十分发达的资本主义国家，也就不能存续下去。迫不得已，乃有帝国主义出来找，以至于造，工业不发达之地。什么是找，我们正当其冲，是明显的。至于造，今之中欧德与奥，是其例。

十

今日之帝国主义，首要所图，已不在销货，贩原料，找贱工，就地制造，而在直截了当地繁殖资本。银行团了主要机关。商业，工业，政治的全权，都握在少数银行老板之手。总之，帝国主义的时期，是商业资本，工业资本，银行资本之三位一体的金融资本称霸的时期。资本的繁殖达到了极致。俗言之，即是费最小的力，弄最大的钱。

十一

你们如懂得放印子钱或吃和子利，今日的帝国主义就是大规模地放印子钱或吃和子利。

十二

帝国主义有两翼。一为武力。一为宗教。

十三

也可以说帝国主义是一种关系。关系者为工业十分发达的资本主义国家。所关系即工业不发达之农业国家——殖民地。这关系的表现即侵掠，欺压，剥削，榨取，等等。

十四

极简单，极粗言之，或也可说：帝国主义就是侵略。稍详细一点，便应说，是以武力的压迫进行经济的侵略。

十五

有人说，帝国主义要灭人种。这不尽然。人要牛马拉车，耕地，骑着玩，吃肉，倒不见得要灭牛马之种。

十六

上海之事发生，北京团体层出。联席会议罢，联席会议也可以有好几个。有人说这是出风头，利用机会谋自家利益。我还不愿就向爱国者说这个，但我确觉有人似想过河而却不肯下水。

十七

今之论者，好像有唱真高调，唱半高调，唱不高调，几种。这也是今日当然的现象。我以为也无庸过于对它斤斤。总之不到黄河心不死。

十八

我总觉着，中国人不可不力行避易就难。改人性变制度最难，我就最愿意人干这个。切实地向普泛群众宣传比天天跑到政府请愿难，我就愿意人切实地向普泛群众宣传。大规模赶快积极地集款比请愿派素日不相信的三百大兵到租界去难，我就愿意人大规模赶快积极地集款。其次，与其空空嚷宣战，不如实行经济绝交不合作。我是赞成战的。我只怕实际战不成。不是说战具太差，只怕是中国人自然不敢，自然不相信中国会能与外国战。

十九

矫枉不得不过正。我希望这次以后，中国人对于西洋的态度，根本换一个。

二十

今日的战争新法，差不多已经成了一种美术。怪好玩的。希望有人肯下苦功研究一下。有两本小书：一，*Callinicus：a Defence of Chemical Warfare.* by J. B. S. Haldane；二，*The Future of War.* by Capt. B. H. Liddell Hart，可看。当然，不用英货，不至于不看英书。

二十一

民气与民力同样必要。我相信，民气是民力的一种。事实是一种不够。没有物质的基础，气儿自然也就不能长久。

二十二

今日的社会基础是杌隉的。如是而漫求事业稳固长久，人心安定有恒，不浮嚣，不苟且，不急功，不贪小便宜，也就犹之乎缘木以求鱼。

二十三

集思广益是好的。外行人的说话也可怕。主义或 ism 原是颇有歧义的。于是乎就不谈；这也是感情作用之一种。

——二五，六，十九

续所思

我始终相信哲学最后目的只是一个通字。看得到，想得开，说得各得其当，使得各得其所，恐怕就是罗素所说以解析为本质的哲学最后也不过如此。这于人生自也是重要的。

不过有些事可以想穿，有些话却不可以说穿。不但"忠厚留有余地步"，一切说穿，尚有何蕴蓄？索然是人生最不能堪者。留得几分神秘，即人生留得几分意趣。迈耶森的科学知识论大概就含有这个意思罢。

* * *

我重视中庸，但是我看见人鼓吹中庸便不高兴，听见人毁骂中庸也同样的不高兴。这非但是我的性格的矛盾，大概中庸这种东西（东西二字广义）就是毁骂不可鼓吹也不可的一种东西。"中庸民鲜能久矣"。夫岂可以轻言？轻言中庸，其不将庸而不中者几希。

大概一个社会里，至少在现在与较近的将来，大多数人或可望其中庸，少数人仍宜任其狂放。

试想一个社会里，倘无慷慨悲歌之人，可歌可泣之事，那个社会可还有什么意义？不过一个社会而总有慷慨悲歌之人与可歌可泣之事，那个社会大概也很难说是圆满的、好的。

人生问题便是这样的难得解决。

人的说话是不能不受时代与生活的限制的，我的这段话便算是这样说的也可。

* * *

有的西洋人说，中国人历来无野心，又说，中国人不懂得浪漫的爱。这许是中国人生的特性，这许是中国天时地利的使然，但这也未尝不许是中国轻求中庸的一个结果。这究竟好不好呢？说到最后，我是还不愿意评价的。因为这还只是一个审美的问题。

* * *

我有时仍不能不感觉着人生空虚。我有时仍不能不感觉着人生无意义。但这只是主观的话，只是感觉的话，稍稍客观稍稍理智地言之，我不过认为，何但人生，一切都不过这么一回事而已。在这么一回事中，求这么一回事的整个的意义，逻辑地言之，岂但无意义，简直是不逻辑的。

人生整个不但无意义、人生整个本也无问题。问题，如我往尝说，只在使人人都得遂其生、使人人都得善其生美其生罢了。

* * *

没有幻想，人大概不感觉人生有意义。没有幻想，人大概也不会求人生意义。

所以幻想于人还是必要的。

所以，人便感到幻灭。

* * *

人生快活之一是，紧张、紧张，突然碰在壁上，于是便得片刻的忻喜与宁息。

这一片刻是过得很快的，这才是"快活"呢。

* * *

当代号称神秘的逻辑奇才维特根什坦博士言，"死不是什么人生的事，人并没有在死中生活过"。

此言盖不尽然。维特根什坦不但没有在死中生活过，其实也还没有在生活中死过——虽是他的先生罗素曾经这样惦记过他。

至少此言是非辩证法的，就令是逻辑的。

＊　＊　＊

我尝思，朋友是人生最重要而难得的一伦。

其实人并不要朋友，人所要的只是自我的扩大。

＊　＊　＊

谁要去爱而怕失望，最好是对着大理石像——这也是卜赖德雷大师的意思。

常言总是"求爱"，我刚落笔写的也如此。那盖已入歧。爱便是爱罢，奈何求？

爱而不求爱，亦无虞失望，大概也只有对着大理石像。

＊　＊　＊

人之循求不可能的事，趣味也许有的，但恐只是做的一场很易觉醒的梦，或则将是一梦永不觉。

＊　＊　＊

故乡无松树，虽幼即与松结不解之缘，却不很知道它是什么。只读《礼记》至"如松柏之有心也。……故贯四时而不改柯易叶"，颇起景慕之思。

这几年来，我乃大喜欢松，并以自喜。偶然看见"我孑然地靠着松根"的吟词，辄不禁为之心动……

　　我之喜欢松固尤在其奇与清与分明，不拘怎样都有一副卓然不苟的样子。这是柏所没有的，至于柏并称有心贯四时而不改易，使孔子咏为后凋者，只另一端而已。

* * *

　　有人说，人类是最善弄出种种声音的动物，人类的最可厌处盖也就在弄出的种种声音。

　　但人之可喜处之一，却也在声音上，如鸟鸣，如水流，如风吹微动。

　　尤其甚么的是，人常能借声使人无声，——使人刹那地过在最美之境。

　　但又一方面，"生平最恨事，闻人叱儿声"。

一

　　社会问题在由现实以达理想。

　　哲学元学问题在本本体以原现象。

　　尝想，难不在建理想，而在由现实以达之。

　　难不在见本体，而在把现象都有个安放。

　　其实，但能实践，理想不外现实。

　　但能客观，本体即在现象。

哲学家科学家之所图，均在如何把这副本来的样子（真如）说得易解，说得少误会，说得极圆融。名，辞各得其当：指陈得万般事物各得其所。

二

中国字大佳，直使我喜爱之不胜。

我初有见于《易》，于创与撞，于庄与装。

近有一次友人对我谈翕，我初误听为"息"，但我在心中立刻悟到，大化实情最好即以"息不息"表之。

"息"有相反之二谊，其深微妙真可喜。

"息息不已"。

"息而不息"。

长言过程，皆是息。截断言之，皆是不息。

* * *

悟字亦佳。悟者牾也，有见于牾也。自吾心言之，则悟即是吾心与外物相牾而相晤。

* * *

友人又与我谈大悲，我又立感到悲字也佳绝。

悲者非心。

大悲者必超脱自己的心。

大悲者必不站在自己的心上。

非心是入大悲大智大勇之门。

非心，大悲，也即大客观，纯客观，之始终。

三

因为吾有心，便说一切其他皆是心，或皆属心，固是偏见，主观之见。

但是因为吾有心，便说一切其他皆没有心，皆不是心，也同样而相反的是偏见，是主观之见。

根本在：不因为吾有心，便高抬心的地位。

吾常说，思想只同流涎出汗泄精，尤胜。

这自类乎十八世纪唯物论师谓思想只是脑子的分泌。

但这都是正见之始，纯客观大客观之始。

“本体”本非心非物，说是质碍之物固属乖谬；认同人心之心也是夸妄。

更切言之：心只由于结构的不同，组织的不同，心只是程度的问题，比较的问题。此盖最为善解。

罗素近年的心论总应最能使人欢喜而赞叹。

但实不过辩证唯物论者之常说耳。

四

吾在所思（其一）中尝引庄惠富有谐趣的对话：

庄子与惠子游于濠梁之上。

庄子曰，"鯈鱼出游从容：是鱼乐也。"

惠子曰，"子非鱼，安知鱼之乐？"

庄子曰，"子非我，安知我不知鱼之乐？"

惠子曰，"我非子，固不知子矣；子固非鱼也，子之不知鱼之乐，全矣。"

罗素曰，吾与惠施。

"如果别的哲学知道'鱼之乐'，吾祝贺之；可是吾是没有这样禀赋的。"（《物之解析》）

友人或言，"吾与庄子，以其能体物情"。

善哉言！

没有这个，盖罗素所极讲而半信的行为论也将不能安立，至少也将于人生或众生无所用之。

但此言却有一假定，即是：物有情，而人能体。

这也没甚要紧。

更要紧更根本者乃此下尤有一假定，即万物之为一体。

一与通是东方哲学之特长。多与析则西方哲学之所擅。罗素固讲多与析者之翘楚。信一与通，邻于神秘。

持多与析，必重逻辑，而求最的之知。

我则祈：于多见一，由析达通；一不忘多，析而以通为归宿。

最的之知，其将与神秘不相外乎？

知始于别，始于二，最后之知，盖在无别而圆通。

是知而非知。

是神通。

五

中国字固佳，外国字，但能懂得，也未始不佳，也未始不时有谐妙。

有一次看嘉波（Greta Garbo，嘉宝）演《大旅馆》，立感到 love（爱，德字 liebe）与 life（生，德字 leben）之相关。

英字中犹有 light（光，德字 licht）。其对于生，实与爱居于同等。

无爱，无生。无光，生亦何有？

光通一切，无所不在；亦无可离之。

无光，且无一切。

世所谓神通归根亦光之作用而已。

但英字中以 L 为首与生有至深切关系者仍不止此。至少尚有 libido（欲）与 labour（劳）。

还有一同为生与爱所不可无者是 liberty（自由）。

更有一似乎要不得，而实也历来以至今日的人生所不能缺者则是 lie（谎，德字 lüge）！

说到谎，便又不能不联想及于那亦甚为人生所需而实若甚相反的 logic（名，或逻辑）。

罗素说他喜欢逻辑，乃因为它不仁。

是的，人而有事于名，或逻辑，是必不能为人或人事所限的。

我近来乃感到，所谓逻辑的常等于可能的。

逻辑的界说，最好即在移罗素所尝以界说哲学者以加之，即界说为"那可能者之学"。

在罗素与其流派，哲学原可与逻辑埒。

六

宇宙亦大多歧字。

有科学家的宇宙，有哲学家的宇宙，有名家或逻辑家的宇宙。

以一六〇〇年烧死而为近代西洋文明肇始象征的意哲家卜罗诺，盖已有见于此，故别宇宙于世界。

就是哲学家的宇宙也非一样，有大化如如的真如实境；有为人所接与，无明而起的尘境。

三界唯心，万法唯识，是可以说的，如其限于尘境。

三界万法，在真如本体，本说不上。

尘境的宇宙，即是遍计所执，依它而起之情境。

这当然不说是心，也可说是"心依"的，用英实在论师博老德（James Bissett Pratt，普拉特）之词。

但如以尘境的宇宙是心依的，便也说真如的宇宙也是心依的，或更说是心，这至少也是潜移当谓，殽混名实，紊乱类型，把知识论的解答加在了本体论的问题上。

或者因相信宇宙实相永变恒动常流不居，反察之吾身，体验之吾身，永变恒动常流不居，能相仿佛者，莫心若；不易捉摸，不着边际，几于不可名言者，莫心若，因此遂谓宇宙本体为心。如此者可以谓之为具体错置，亦且等于自诳。

即令吾有心，又算了什么？乃执着之耶？

人也有精。为什么不说，宇宙就是精，宇宙全由精而成？不可见者乃为贵耶？最不可见者乃最贵耶？

能大客观者，既能作如实观，也能作平等观，也能作差别观。

大化如如，活而不沾，人也要活而不沾。

是则精与心虽有差，其实等耳。

善哉友人之言曰，心谓本体，本是假名。但其如人之易于误会何？其如久假不归何？

我不说心依者就是假的。唯大客观者能如实观如如观平等观。心依者当然还它一个心依。只是不可因此心依便彼亦心依，一部分心依便全亦心依。

但这些，其实都是悬谈。

至少在今日，广泛的一切皆心之说，犹然不是不可能的，在逻辑上，如罗素说。

在逻辑上者，即在名上，如前所说，也即在可能上。

由此也可见：唯心唯物之争，或实在论与唯心论之争，要点乃在于观点，态度，方法；确如罗素说，并不属根本。（且唯心唯物的名字犹有意义，实在论则简直已是脓生丝，也应该废掉。）

* * *

友人又告我：人宜即心作工夫。

是的。但我却说，人宜即心作工夫：人宜即心破心，即心见心之不异如如，更不外如如。

又或谓，无心，则将无理想，无奋斗。

是的。但如此，慎勿把价值论，或世界观人生观，与有论或本体论混合。

人之为人既如彼，人之理想，奋斗自如此。

大客观非单客观，是要为主观地的，无碍于人之理想，奋斗，审美，感情。

反观于心，可以观照。此心此照，亦筌蹄耳。

我也常说，人破法执易，而破我执难。人可见三界唯心，万法唯识；人却难见此心此识也同样地唯心唯识。

人生至少大部是心的现化，直接的或间接的。人之情虑云为造作悉出于心，我也信之。但我却更信：其根本乃在于生理与物质。

我之信此，乃几经体会省察的结果，既非蒙于时，也非笼于师。或者是因为我是一笨重之人。（我尝说，唯物论与笨重之人为近。）但我所谓物却非笨重之物。

我以大客观为法。但大客观之所证，则我谓亦不可执。万般任何，一执便滞，便差。如如只是如如，而可执着之耶？

大智若愚。

大勇者若处女。

大悲者忘情己。

大人之心如赤子。

大客观者独居于客观与？

七

我以前尝想：

当仁宜不让；

为德必有邻。

近年我乃想：

当仁无不想！

为德安求邻？

八　艳装无罪论

这是一个男子拿权的社会，一切自都以男子的便利为标准。女子只是战败者。

这个社会里的一切名义，当然也无不是男为主，而女为属。

女子的一切行为，尤其是欲加之罪，何患无辞。

就令是男子逗引出来的行为，如有罪过，罪过也无不在于女子，至少也是女重男轻。

就如女子的艳装冶服罢，男子岂不愿意，然而却也成了口实，不是加以诮骂，就是以轻蔑加之。什么诲淫诲盗等等也都来了，好像男子的坏都是女子教坏了似的！

其初我未尝不觉着"粉饰"要不得。近来我乃相信，那不但不可笑，而且也不可怜，乃只是历来的社会里之所当然。

至于女子的艳装冶服，据我所解析，盖不外乎以下之五因，无一样是应该归罪于女人自己的。我并且简直信，男子方面的讥骂轻蔑，未尝不一部分是出于妒忌。

第一，为的自己好美。这是谁也不能批评的。谁也没有权理侵碍别人。谁也没有权理侵碍别人的癖嗜（但令其无显害于大群）。

顶多你也只能说有些艳装的女子美的标准太低或不高。但是庄子早已慨叹过："孰知正处"？"孰知正味"？"孰知天下之正色"？

而且高抬美的标准乃是统治者方面教育家的责任。如何以此归罪于战败的女子？难道不记得么：上有好者，下必有甚焉者。

第二，为的生活，冶容待贾。这是实逼处此。任何谁非把社会生活彻底变革了，都不配说个什么。

人是生物。生物第一个权理就是生。但真为生，不拘做什么，有谁配以罪加之？

第三，追俗。这是人的常情，不属根本。而且男子也所不免。

第四，虚荣。这与第三相连，也是人的常习，不关根本。且也是男子所同有。并无取乎深论。

第五，为粲己或爱己者容。那么，这全是为的男子。你为什么反轻骂之责备之？

* * *

迂阔者或说，艳装妖服，其如国民生计何？

这真是不切事情之论！不喜艳装妖服，必须从根本去掉艳装妖服的必要，徒然一个国民生计，可能动得谁何的心？

九

高的美的标准，中国本也有之。

这便是"充实之为美"。

可惜虽本来有此，而历来实际上的乃常常适得其反。

所谓充实，是兼含坚固朴质的意思的。此第一须知。

更详言之，所谓充实之为美，就是要崇闳博大坚实丰满朴质厚重。

这是多么高的美的标准！

十　谈情

常言，落花有意，流水无情。

其实，花落自是不得不落，流水悉受而不拒，虽云无情，其情固已深至极矣！

* * *

或云，爱情是生命的源泉。

泉常流而不息。

真情实感盖亦有焉。真情实感必是不以年而减其度，屡发而益新，既以与人而己愈多者。

* * *

但是说"与"，犹是不尽的。真爱乃出于忻，因其所爱者之忻而己益以忻。

是故真爱必以诉合为归宿。

* * *

大客观，相反相成，于爱皆有焉。

盖真爱必是以物为宰的物我之相融，必是相牾者之相谐通。

故爱是忻也不是忻。因其乃是含有苦的分子的忻。

苦且不但在于爱者，所爱也有之。就令是无求之爱也合是如此的。

这是一桩凡是做爱者最不可不认取的事实。

* * *

今西班牙最知名之哲家而为现代西班牙的脑子的是奥德嘉·依·嘉塞教授（José Ortega y Gasset，奥特加·伊·加塞特），行年已五十矣（生一八八三），近亦著书谈爱（有德译）。谓爱的精义在化主于客，谓爱是一种不断的转移于它的过程。其言几与上意若符节之相合。（还有，奥德嘉大声疾呼地告其革命后的西班牙国人"不要模仿"，亦与吾意有合者。均拟另详述之。）

* * *

是故爱情上最怕的是妒。

妒是爱的破坏者。妒是恨的产生者。

爱重视对象，创造对象。恨则轻视对象，毁坏对象。如奥德嘉说。

而妒则在占有爱情，占有对象。

爱本是不可也不能占有的东西，结局便只有毁坏之而已。

爱赋性自由，爱志在创造。

是故爱可有而不可占。

谋占有爱情者且不但适毁坏了爱情，直更涸竭了所爱者的生命的源泉。即令有所得，所得当也不过一块木头，与勉可自欺的面子罢了！

* * *

妒的发生盖泰半在于面子。

莆罗乙德老大夫尝言人之根本冲动有二，一我的，一性的。

但二者实常相夹缠。

在妒发生之时，便是自我冲动代性欲冲动而用事了。

己之所爱而爱了人，几何能不认为有损己之尊严？

妒者之情也或非不可原，但究不能不惜其错用了精力了。结果自当与其所求者相反。

爱，如前说，是以物为宰的，妒则以我为宰了。妒者奈之何竟不知也？

唯爱可以征服爱，强霸占有是绝无能为力的。

* * *

人皆知痛苦至极可以痛哭。

其实痛哭可解之痛苦必非痛苦之至者。

真正痛苦之至极，只是一个木然罔觉，一切情感皆为休止。这真是形如槁木而心如死灰。而与太上之忘情适处于对顶之两端。

是盖人生最不可堪之境。但妒却可以致此。

* * *

如何使人常忻爱常自得？

是在使人各任其真，而不太认人之真。

真正忠于爱者，必能容受所爱为爱而不忠。如百提，都拉所共说。

这大概是很难很苦的。

苦乐常相依。由此盖益可见，情意缠绵非必是人生之福（？）

感情也许确是根本上要不得的东西罢。

*　*　*

在天气晴朗之日，偕二三忘形之友，坐半山之中，吸松香，闻泉流，听鸟语，偶有轻风微过，远眺云游，于是谈不沾之理，大化大客之义，或者更在平天下之后，人生之乐，此其一欤？

（五月七日早三点不寐时。）

十一　处世学

有的人处世过于认真。

有的人处世过于随便。

凿死真的人必归于自苦。

总是逢场作戏的人，也必会感到百般无聊，内情惨淡。

最正当的处世之道当在于学：处处但在增加自己的经验。

乐增乐的经验，苦增苦的经验。顺增顺的经验，逆增逆的经验。

以学，以体验为处世。以处世为学，为体验。如此自当无往而不自如，无往而有所悟。

过于认真者重物。

逢场作戏者轻物。

以学处世者乃不重物亦不轻物。

或谓何取乎？

但没有牙痛过的必不真知牙痛。认牙痛为增加自己经验者其牙痛也必轻减。

欲知道一切，必须感到一切。

认一切感触，均之是经验的增加，苦乐自也可以无别。

神农尝百草以造医药。欲彻底改革人生，岂不当遍感一切，以成改革的方案。

特是此义虽要，自是就俗情为言。若到大客观之下，物我主客之别既泯，亦何有于经验？

十二

苏格拉谛教人自知。

又谓他有一点胜于他人，即是知道自己的无知。

这确是为人讲学的要道。

孔子的"知之为知之，不知为不知，是知也"，也何尝不是如此。

中国又有常言："知己知彼，百战百胜。"

这不但是兵家的要诀，也正是处世所不可或缺。

然而中国今日各方面，却都似缺了这些！

十三

前些年我喜言，"抱定目的不择手段"。

这自与文艺复兴时期意大利的政治哲学家而为今日墨索里尼先师的马奇维里（Machiavelli，马基雅维里）所持的"目的证成手段"同科。

这八个字上最要紧的是绝不可打成两橛。打成两橛便错，便不通。

这便是说，不论怎样的但凡可以达到目的而且只是可以达到目的而无损于目的的手段都可采用之，不然则绝对否否。

在这上头，难固有之。但这却是大政治家的理想做法。

这八个字是与中国人的所信历来相反的，所以中国人中历来不大有大政治家。

中国今日所表现的，不只是但知抱定目的，便只是不择手段。

统而观之，便只是：没有目的或不知目的而乱挑手段。

这全是犯的幼稚病，如何能弄好了国家？

中国今日最缺的诚在大政治家。

中国今日简直没有一个人真正认清了局面，国内的与国际的。

而且更复不诚，不学，不思。

在实际政治上，只有可行的才成好办法。

中国人凑在一起只知谈理想，只知找理想的办法，等到理想的办法找不到，或找到了而不可行，或则莫或肯先行，又或则人人有一理想的办法，人人以为莫若自己高，而不能得到个一致：于是便只有大家徒叹一场，一哄而散！

因其不即实而蹈空，所以有此现象。实只一个，空自无穷。

大政治家必既能认清了目的，更能认清了现下那些可能的手段可以达到那个目的，于是两害相权取其轻，两利相权取其重，而切实以行之。

大政治家不但有理想，更常能不得已而思其次。

大政治家是懂得进一步胜于不进一步的。

大政治家是懂得大经营必须有大预备的。

大政治家，真革命家，必时时有所作为，绝不只看着而已。

只是看着者必是投机分子。

十四

人的相交宜密亦宜疏。

不疏无以见密。

过密亦常致疏。

这本是古来已晓得的道理。

所最可注意的是就在这地方，也有个辩证法，相反相成，在流行着。

十五

若不是花开的香，蜂蝶为什么来？

花自是不得不开。

蜂蝶也岂外自遂其生？

宇宙本大顺，人生乃夹缠。

然而夹缠之中，正见自然之情。

* * *

无所为而无不为，自然之道如此如此。

也应如此如此。

十六

奥德嘉原爱，把爱推至至高极处。

先辩爱不是欲望，不是嗜好，也不是快乐。

积极言之，则爱是一种永远的不满足。

爱是一种不断的活动。

爱者乃脱离自己而趋就所爱而生活于其中。

真爱非但不必求乐，真爱乃更能由其所能堪的苦痛以自觉，以自衡量。

爱不是欲望，但也有欲望相似处，便是同由他人外物而引动。

爱是向物的。

爱是常流的。

爱由己而流向于物。

爱更舍己而进入于物。

爱是流。

爱更是永久之流。

而尤要者在爱肯定对象。爱与对象偕行。

爱与对象为一。

爱有一种热度。

不管所爱远近，爱总温渥之之是求。

爱能抚，能奖，能举扬。

爱是生的永久散布者，又是所爱的保持者。

概如奥德嘉说。

但是孔子也说过："爱之能勿劳乎?"

十七

就一意义说，哲学不讲人生。

就同意义说，爱也不是哲学的题目。

但历来伟大的哲家则罕不讲人生。

历来伟大的哲家也莫不讲到爱情。就西方说，从上古之淹披铎黎（Empedokles，恩培多克勒），苏格拉谛，柏拉图，斯多噶宗；中经奥古斯丁，多玛士（Thomas Aquinas，托马斯·阿奎那），斯辟诺萨（Benedictus de Spinoza，斯宾诺莎）；以迄今日的罗素，奥德嘉，是其特可举数者。

斯辟诺萨有一精言，说，"爱神的人不能冀望神还爱他"。

这恐怕是大大多数人都做不到的爱。

但真爱神的人，神固莫不爱之。

斯辟诺萨的最高理想是知的对神的爱 A mor dei intellectualis。

知的对神的爱，固即神的知爱，也即神对于人的爱。

爱在通，在合，在一。这是斯辟诺萨深悉的。

在斯辟诺萨，在最高境界，知情行固是三而一者。

如此讲爱，宜不受奥德嘉的批评。

十八

比重读龙树中论。

其辟因果，诚不失为空脱。

然以今日之所见，则因果者，宜作如是观：

众缘相和合，有果亦无果。说无在众缘，说有在和合。

众缘纵分殊，和合成结构。结构本假名，而果因中有。

因果亦假名，如实说凑泊。因在于凑势，势凑涌成果。

因果成万事，因果不外之。以何表因果？微分方程式。

力迫与必然，全是拟人说。于实因果中，从此觅不得。

十九

名是一种魔力，诚不可以不慎用善处之。

名是社会的。

而名之有魔力，遂在乎社会的制约反应。

二十

我尝极贵重爱而力反斥恋。

我至今仍信其理甚是。

其事则大难。

但由爱而恋，实已落了爱的下下乘。

由爱而恋，必且失其爱与其所爱之所以可爱。至少其爱也必变形。

只爱而不恋者，几棵垂柳，一条溪流，一架小桥，一座远塔，遍野青苗，一群羊，一个牧童，荡漾溪中的鸭，溪旁洗衣的村姑，骑自行车的女郎的曲曲的长发，一片云，一阵微扇的风，蓝的天色，青青的山头，鸪鸪的叫声，诸如此等，对于他或她，都是美的，都是可爱的。

但是迷恋者只能颠三倒四，七上八下，其更何能及此？

友人或言，"人的堕落，由于欲得"。

由爱而恋，不已几于欲得了么？

二一

中国讲学教人尽性。

其理也颇不可易。

困难的在什么是性？

性之一义有当于自然。

但是什么是自然，仍是难言的。罗素便尝一再极论之。

不过不论什么是性的界说，自然的界说；更不论性或自然能不能有严明的界说：凡属含生之伦，要罕不需要爱，爱要为其生性之一。

但是在人类里边，在现代社会制度风习礼教之下，人，特别是女子，又岂敢爱，岂能爱，岂肯爱？

友人常言，女子在今日并没有爱的权力。此虽本诸客观，盖亦有慨乎言之。

但人岂不知，爱可以使人生实，可以使人生美，可以使人生富，而顾乃窒陷之？压抑之？限制之？

此也人生万般自缚之一般。

另一方面，尤其是女子，也非必不敢爱，不能爱，不肯爱，常也在未遇其质罢了。且以爱与生较，生要重于爱。

人固为生而爱，非为爱而生。

是故有的人可以卖其妻；而情死者究居少数。

* * *

即情死者，也岂是只为情而死？也岂非因打不通了生与爱，或我与欲的矛盾或抵牾？

二二

爱的真谛在于讵合。

"天地讵合，万物生化"。

是故讵合是很难的。

是故只有哲家若诗人，以通为归宿，活而不沾者，乃真可言爱。

凡夫讲爱，几何不是占据或肆欲的别名？

而金钱，地位，巧言，令色，足恭，下以至于跪，哭，假死，又何一不是占据或肆欲的资具？

而为女子者乃常常为此等资具所克服。说一声怪可怜的，便被虎狼攫去了！

是故女子终是弱者。

但女子的弱却在于生，而不在于爱。

* * *

准此，女子解放的要义，也在独立与自主。

于生独立；于爱自主。

独立与自主，二者实相依。

如何独立而自主？

又在知彼亦知己。

具备生的技能，通乎爱的艺术。

二三

凡夫言爱，确把爱看得太狭了。

夫爱岂止于性爱。

性爱同乎饮食。

人固不能不饮食，但人岂能时时不止地饮食？

诚如罗素所说，对于性的自由，明理的人，自会加以如对于饮食所加的节制；也只可加以如明理的人对于饮食所加的节制。

人生之最需者固尤在闻音乐与知天文。

音乐，天文，乃最可以使人和悦，乃最可以使人高尚，乃最可以使人广大，乃最可以使人旷达，乃最可以使人油然生同情，感同类，乃最可以使人起幽远之思，离尘之想，因而更最可以使人得到那最难得的忘，由是更进而至，人与人，人与天，精神上，体魄上，都能自然而然地，相切触，相拥抱。

音乐，天文，本是中国所最长。但也是中国近年之所最缺。

气度狭小，意趣卑污，都是由于少了这种陶冶熏养罢？

但根本的原因固在生业荒落，生活日迫，生理欠健康。

二四

伏老大夫（茀罗乙德）的深心理学（心理解析），是发人之覆的。其它姑不论，一个不可磨灭的大贡献，即在发见：人类文化起于欲的高化，导欲（或迫之）流于所谓高尚之流。

此实极善了解人类社会的一面，但如上说，却太简化了，未为周尽。

文化之起，大部固在欲的高化。但有的也缘乎求欲之遂。

至文化与劳动的关系是另一义，非此所论。

* * *

诚如罗素所持，人欲越遂的多，则世界要越好。

但欲而尽遂，世界却未必有今日。

二五

创须撞。

庄带装。

熟致俗。

岁为祟。

遂在随。

二六

社会本以人与人的关系而结成。

但社会却常只为社会计而不为个人计。

劳动大众本居社会的大大部分。

历来的社会又何曾一度为劳动大众设想？

历来的社会照常只是其一小部分假其全体之名以事其对另一大部分的迫害，压抑，榨取。

天下自当多事。

群与己，少与多，总之是社会问题的核心。

解决此问题自宜更循人性而审选群制。

巴夫洛夫（Ivan Petrovich Pavlvo，巴甫洛夫）的制约反射之律，于此实大有助益。

人不可生得太多。

生得太多，必致得生者少。

人与人间的一切障碍隔阂都当浸假而破去。

科学更宜进步。

教育更须发展而改易。

世界既已大通，大通的程度且将益进，人类的一切都当统世界以为筹。一切既得先占之权都当不许。

世界可有的组织应只有以世界与个人（或说世界的个人，人的世界）为本位的组织。

力即是理必须变成理即是力。

人生一切必须以通为归宿。

换辞来说，人生必须由科学的进展，人性的认识，社会的改制，教育的更新，以达于仁之境。

仁，通，理，三者实相通。

大问题不宜小言。

但悬谈理想之路，要当不外乎是。

犹之乎自由，平等，相亲爱，历来即不可能要是人生的美的通的鹄的。

二七

人生饱蕴着矛盾。

人生问题，亦只有御矛盾的辩证之法，乃可以御之。

人生矛盾之一即群与己。

过顾社会则碍个人。

过重小己亦妨社会。

人生矛盾之二是组织与情感。——根本也在群与小己。

为破人间阻障，儿童自宜共育。

儿童共育，宁不将损亲子的天性？

大义诚可灭亲。

大义灭亲究是人生奇痛！

人生矛盾之三是爱与恋，有情与无情。

爱则罕能不恋。

恋则每害至洁纯高之爱。

情感缠绵，苦痛伴至，岂是人生之福？

人尽无情，冷酷之况，亦当可想。

忆友人之诗云："多情苦似无情。爱痕残留即伤痕。"

人生矛盾之四是苦与乐。

生弦紧张，感则为苦。

一弛为乐，而索然也即随生。

反而观之，常言乐极生悲。汉武一世之雄，亦有"欢乐极兮哀情多"之叹。

情爱的回忆岂非是苦乐各半而相参？

人生矛盾之五是知识与确凿。

不确凿似不足为真知。

必求确凿，知识又何足为知识？

可证之辞，每原假定。

可验之知，孰一无错误之可能？

如此等等，矛盾重重，更仆难尽数。

"连环可解也"。

解矛盾之道，盖适在循其连环性。

必须如实。必须大客观。必须知世间一切变动不居。必须安于每一阶段相当的可能，更随而进取。必须审相反相成。必须不把所想超乎现实。必须察上下关联，左右相通。必须努力使各得其所，使各如其分际。

二八

矛盾者常相依，难相离，而又有此可则彼叵，彼可则此叵之义。

矛盾既如此，于实似无之。

但此不过界说问题。

于实便无如此界说之矛盾，但人一析之，人一感之，矛盾便成了。

凡如实一切，悉在过程中。一切悉过而不留。宁有可不可之可言？

但过去的诚可以过去了，过不去的也终必是过去的。虽在大过程中，又何尝不可有可不可之可言？

是故在大客观之下，可叵矛盾于实固亦可能之事。

且人的析，人的感，在大客观之下，亦何曾出乎实的范围？

二九

革命是解决社会矛盾的意思。

信儿童共育而虞有伤亲子天性者，必迟疑于革命。

信儿童共育而虞有伤亲子天性者，也许出于无知，因其不知共育出来的孩子，人之对彼，彼之对人，情性，未必不更为清胜。

是故迟疑于革命者也许是出于无知。

但信儿童共育而虞有伤亲子天性者，是感着一种矛盾的。

是故感着矛盾者也许同样是出于无知。

由矛盾而解决，因有革命。感着矛盾既许出于无知，从事革命以解决矛盾宁非也间接地也许出于无知？

是则，不革命既许是无知，革命也许是无知，革命所以解决矛盾，而革命本身也在矛盾之中。

同式，反之，感着矛盾固也许出于无知；认为实不矛盾也何尝不也是出于无知？

三十

就是革命与现实也是矛盾的一种。

迷恋现实，必无革命之可说。

脱离现实，革命也必失其根据。

或说识破现实，看透现实，革命便无难。

不知识破现实，看透现实，革命亦将无有。

除非革命只是随顺自然的意思。

三一

现代相对论，既明空、时、动之相对。更立空时之不可离析。

时等之相对，人每能感之。

是故戚者夜为长，喜者夜为短。

其时、空时之不可离，人也何尝不能感之？

譬如，至亲友之间，相去三十里，便离三日，未必觉其久远。可是相去三百里，离别未一日，必遂已不胜其悬悬。

三二

教育宜与社会相应。又宜不与社会相应。

教育不与社会相应，教育必归破产。

教育过与社会相应，社会必致停顿。

重事实更应重可能。

但可能必须源于事实。

知其是更当知其应。

立其应必基于其是。如我向曾说。

教育乃应与过去、现在、将来、全个的社会与个人相应。

可能与应自也在于全体事实之中。

三三

人宜接近自然。

人宜常近土气。

近代城市文化使人隔绝自然，使人远离土气。也是近代城市文化大病之一。

自然，土气，是不开化的。

真正开化的人必在精神上，身体上，都有不开化的部分。

＊　＊　＊

人自觉或不自觉地皆有求死之心，除逃人生之劳之外，盖即为归于土气罢？

三四

真忠于情的人，必不以失掉了某一个对象而自以为"失恋"。

三五

情爱是动的，所爱是定的。如用辩证法于情爱，用情者宜既重所爱，更重情爱。

三六

我常说：难生者亦难死。易生者亦易死。

友人说：易死者生繁，难死者生单。

三七

要解决知识问题，一须就所谓知识本身加以类分与解析；

更须审察与其相关者的关联，以及自己的来历。

把知识孤独看，把知识单独看，把知识简单看，把知识固定看，把知识特异看，必永远解决不了知识的问题。

必认无错误者方为真知，也必永远出不了自己的脑袋。

三八

无"能所"不得为知识。

是则既成知识，便不只一个"能"而已。

知识归根是无知。这是罗素的意思。

三九

爱情常只是一个新鲜劲儿。久则变质。

四十

前尝思及人生的种种矛盾。人生本为矛盾所织成。可举数者，本不止于彼数。

人生矛盾之又一，即在男女的接合。

男女相交非把凡可能者都做到了，必难认为圆满至极。

是即所谓愿有情人都成眷属。

但是男女交接，如果至极，而成定型，则罕有不继以乖离。

是又即所谓结婚是爱情的坟墓。

人生矛盾之又二，是父母之用心。

就所观察与所闻，千万对夫妻中从无一对好者。

但为父母者却总认其子女的婚嫁是一件必不可不办的大事。

于己则去之，于人则取之。即已知其为网罗，而仍甘愿投之。

如此者几何不为庄周所叹惜。

于此一可见婚制之宜破除；亦以见风习于人之影响，及人之见羁于感情。

人生类比之矛盾，皆是群己问题之一体。

根本均在我与它的相抵。

如伏老大夫说，人既有我与性两种冲动，比两种冲动，本即不相容。

是则人生之矛盾原出于人之本性。

"情是性之动"。于情，人生之矛盾遂特显著。

就是生也是矛盾的。

生为保其故，但必舍其故。

不见种豆者，既已播豆种，必且力抑之。

四一

能思的人必然孤独。

因为思维就是说话的缘故。

总与人说话，哪里还有自己说话的工夫。

但是不与人说话，所思也必无出。

四二

不拘什么，"太"总不佳。

由太而汰，已可见中国传统之一在于"去太"。

四三

有功世道文字常即是有损人身文字。

职是之故，道学家多数是唯心论者。

道学家之长所也即在此。

四四

待文王而后兴者大概只是凡民。

但有用武之地，英雄乃越见其为英雄。

勾人魂魄者（英字所谓缠媚 charming）也常在乎有魂魄之可勾罢。

四五

人之才干能力一部分是本有，一部分是自居，一部分也在人捧。

爱情也如是。一部分是真有，一部分是自己觉着有，一部分又在于对方的凑拢。

四六

"真爱情如同闹鬼。

人人都讲闹鬼，但却没有什么人真见过。"

最有名的格句作家那罗什浮谷公（La Rochefoucald，拉罗什富科）曾如是说。

据传说，鬼是关不住的，鬼可以穿墙。

真爱情也合如此，我想。

四七

如果承认人生，便必须承认了人生的一切，乃可以推进人生，使有进境。

职是之故，只是消极的道德总不会成什么功。

四八

除掉不失本色的书生文人以外，娼妓大盗都是最可佩服的人生。

因其在不能生活时，便不惜以自家的身躯生命去拼。

四九

中国人讲气。气之中有数。因此又讲气数。

中国人又讲阴阳，讲和。进而则可及于仁。上之则归于易。

这是中国人最根本一贯的思想。此思想原本于自然而敷蔽于人事。

此思想是唯物的，是辩证的。其态度则在于活。

此思想实贯串于中国。

不察识这个而谈中国思想必搔不着痒处。

反之，本着这个而研索中国的一切思想意统的表示，特例如中国的医道，必可以大有所获。

五十　中国将何以自处?

中国应何以自处，在原则上并不难说。

第一必须抱定牺牲，不怕耻辱。但最后目的必当奋力以达之。

如此，现在要紧的便在规定什么是现在中国最后的目的?

这在理论上也并不难。

要规定现在一个国度的最后目的，第一须审察该国的国情，经济发展，风俗习惯。第二须审察当代的国际大势。

这两层对于中国尤其要紧。一个中国有悠久的历史，特殊的文化，根本尤在有特殊的经济状况，生活方法。二因，在现在，无论如何，中国在文化上，在经济上，均是特别落后的；而且世界既已大通，中国既为世界经济尾闾之一，中国问题既为现在世界问题核心之一，中国的变化，大大部分必然地要受国际变化的制定。

前些年很有人反对说中国有特殊国情。这实在与现在有些人反对一党专政，同样的错误。其病在耽于空想，不察国情。

有一种反对专政的人乃因求参政而不得。这一种人常是既不能令又不受命的。这在今日实在最为民蠹。

不怕专政，怕在不能专政。

对于一群泄沓的顺民，本有专政的必要。现在能专，更在虽云专政，而实以广大的劳作群众为基础。

同样，中国是有特殊国情的。世界也有其自然的大势。国情不可不顾。国际大势也必不可以违。

因此，现在中国最需要的，可说乃是一种国际的民族主义，或民族的国际主义。

解决社会问题，必然要是唯物的，辩证法的。依据实际，详察事势的变动，各方的相关，相反的相反，量质的相转，执其两端而用其中。

解决社会问题又必须是大客观的。认识客观，随顺可能，竭尽人力以助产新的现实。

今日世界最大问题诚在普遍的经济恐慌。

观察今日国际的大势，有越来越益显明的一事，便是在历来的经济制度之下，绝对地解决不了国际今日的经济问题。

国际经济恐慌不得解决，世变只有日亟而已。其它一切不过枝节。

中国也如是。中国如仍是因仍故常，也只有使水益深，使火益热。

反之，中国如求苟安，有权力者应该努力自守，不求扩张，在自己范围之内，认定吃苦，励精图治，一切不重量而重质。

无权力者也应在自己可能的范围之内，黾勉准备，以待大势之临莅，而驾驭之。徒感苦闷，必然无益。

以上所说，空泛诚然。但中国自处之道，根本要义，至少一部分，必在于此。为政不在多言。细款是专家的责任；也非泛讲宇宙问题，人生问题，学问问题，名辞问题，问题问题者所可问，所应问。

五一

"知其不可而为之"便是大客观的态度。

五二

祸福固相倚，长短亦相因。短即长所在，短亦在长中。

观物可以异方。于此观为短，于彼观即长。

万事皆相系。就此论为祸，就彼论成福。

五三

人谁能有德于人而不求报？

人谁能有德于人而不自觉？

人谁能有德于人而不是自以为有德于人？

古所谓有德，情爱也包于其中。

五四

大概人都愿意博爱，可却不愿意其所博爱者博爱。

五五

爱与知、与美等尽同，都是一种两方面的关系。

但知可以幻。情人眼中可以出西施。诸如此类也未尝不是情爱的描写。

五六

"人而无恒，不可以为巫医。"

有恒在于有情。

人而无情，不论什么伟大的事，美好的事，必都是做不出来的。就是所谓属于理知的科学本也创于情感。

人而有情，可也十九难得有佳遇。故知求遇，还是在自己心里，或于虚无缥缈之天。无可得处有何可失？

五七

情爱也是宇宙万象之一，都有如摆：但令摆起来，非摆弛尽了劲，永远是不停止的。

而人又是一种受制约反射律制裁的生物，一度不慎，必然永久留下伤痕。

故君子必慎于始也。

五八

有一句话最害人："家齐而后国治。"

国不治时家如何能得而齐？

人群一切都是相关联的，但强裂之必无当。

讲群而不兼从群出发，而但从小己或家出发，积两千多年的习染，遂弄到始终一盘散沙，全无国家思想，全无组织能力！

（国家思想，组织能力，当然也并非绝对的善。）

五九

解决知识问题，必须以不复把知识看作与其它隔绝的特殊现象始。

是故理论与实践必须合一。

知与群生，与历史的关系，须加以注意。

实在的知识现象与言语的作戏自尤须有个严明的别异。

六十

中国文化的特点也许在于忍。

但是把中国害到今日这样的则确在于忍。

因为一个忍，遂不求进步。遂得过且过，遂过得去就算了，遂不论受了多大的凌辱也可以不在乎。

也许非忍不能伟大。

但也许忍乃由于衰弱。

尤可惜的是，中国人不但能容忍，尤其常残忍！（容忍与残忍自是一个忍之两面。）

中国文化自有其不可磨灭的价值。相反相成。有一利者每有一弊。忍也许只是中国文化末流的流弊罢？

六一

一个概念就是一个名词，而是就其意谓而说之。

一个命题就是一句话，也是就其意谓而说之。

命题，从亚里士多德以及斯多噶派以来，以洎罗素，都说是有真或妄者。

普通也常说命题是表示事实者。

概念又何尝不暗示着事实？只因其是暗示，所以它与真妄的关涉常是隐匿的。

概念既有所谓，譬如马，至少也谓"这是一个马"。

善哉故柏林教授黎尔（A. Riehl）的说法：概念乃是潜势的判断。

故耶那佛勒格教授（Gottlob Frege，弗雷格，十九世纪末现代数理逻辑的开始者）的说法更有可观：一个一变量的辞函（Satzfunktion），如对于该变量界说范围内的个个值不是妥当判断就是不妥当的判断，便叫作一个概念。

顺近年的趋势，根据哥庭根希伯德教授（D. Hilbert，希尔伯特）公理法（Axiomatik）的意思，或意大利数理逻辑家故布腊里·佛提教授（C. Burali-Forti，布拉里-福蒂）所谓公许界说（definition par postulat），又或照罗素的使用界说（definition in

use）或十九世纪初法国算家日公讷教授（J. D. Gergonne,
1771—1859，热尔岗）初讲的隐界说（limplizite definition），把
概念悉浸入命题之中，这是定会使得哲学有非常的进步的。

六二

哲学家常求的确定或确然也是一个相对的概念。

罗素尝说，哲学是不定的，因一定了便成了科学了。此其
实盖不尽然。

所谓科学的定者，其实不过只是假定。

照常说，最确定者莫过算学，而最假定的也莫过算学。

在一个逻辑系统里边，很可以是确定的，但一与外有涉便
顶多只能是假定了。

但世界也有极一定的，那便是：世界是怎么个样子一定就
是怎么个样子。

六三

人已常说，顺必然而行就是自由。

偶然与必然本无划然的界线。

为什么道德与审美至今属于哲学而经济则否，显然可说是

偶然的。

然而放开范围就物质背景而观之，这又何尝不是必然？

六四

常言，希望是成功之母。

宁知，成功常是失望之源？

六五

友人告我："最高明的行为是很简单的；最愚笨的行为也是很简单的。"确是至理名言。

六六

自足的人必难有所成就。

既已自足，尚何以益之？

不自足的人也难有所成就。

既不自行，何能有所表见？

六七

"战战兢兢，如临深渊。"过于战战兢兢，必且坠于深渊。

六八

能快活的人即是能适量享乐当下过得最快的那一刹那的人。未来者不为强求，已逝者也不穷迫。

六九

自由必须自制：是亦相反相成之一例。

七十

动静是相反的。

变与不变也是相反的。

可是说一个东西动，必有其不动者在。

说一个东西变了，也必须有其不变者在。

变是不同了。但如完全不同了，应说是两个东西，怎么说一个东西变了？

变是同与不同的合体。

相反相成例如此。

* * *

动生于矛盾。动也是在于矛盾的。

七一

孔子自称在好学。

孔子自述在多能鄙事。

这二者岂不也是中国今日一切人等均应不至忘掉的教训。

七二

好学即是实践地爱知。

自知无知，乃能爱知。

"吾有知乎哉？无知也。"

殉道者苏格拉谛也尝以"爱知者"自称；也尝自谓，唯知自己的无知。这是他与孔子同之一点。

七三

好谈爱的人必是无所爱或有所不爱的人。

否则，如其有所爱，或无所不爱，必方且爱之不暇，何暇谈爱？

七四

一点儿也不错："哲学家们只已把世界种种地解释了。现在切要的乃是去变革之。"

但是要变革世界，必须了解世界。

志在变革，以求了解，了解的也乃始能真切。

七五

人的所谓知识常病肤浅，常只是所谓浮光掠影。

这都缘离开了实践的缘故。

不实，焉得真？

所以真理只是实理。

七六

反省是一切学问的始基。是一切德行的初步。

七七

人生万般概都以自觉为归宿。

但人却常常是越自觉越感到痛苦。

又是相反相成之一种。

七八

宇宙有意义么？

人生有意义么？

意义？它本是人所加上的东西。

人生的意义根本不外乎幻想。

宇宙的意义更是主观的投射。

宇宙不过如此。

人生自也当然。

七九

愿意活着就活着好了，可找什么意义？

人生最好的境界只是活得快，死得快。

人生最不好的境界只是活不得死不得。

八十

萨地斯模（sadism，虐待狂）大概确是很普遍的罢？

为什么人这样地喜欢加苦楚于其所谓所爱而自用忻快？

唉咳！残忍哉人！

（附记）心解创者莆罗乙德之徒维太尔斯医生作"爱

情批判"，中总述情爱变象，称立鼻兜（欲）是一种可动之能，加于人自己身上便成所谓那赛斯斯模（narcissism，自恋）。加于己以外的人，如其人属于异性，乃成异性爱。如加于破坏本能，以糟踏所爱为乐，则得所谓萨地斯模。反之，如以自毁为乐，诚求所爱者苦己，便成为萨地斯模之反的马卓客斯模（masochism，受虐狂）。又，如欲与眼合，只是想看，便叫作窥觑之欲。反之，只想表示自己身体之美，便成显露，或卖弄之情。如以所爱的所有为爱的对象，则是一种拜物主义。凡此种种都叫作爱的偏性。由此，维太尔斯遂对于爱得了一个算学公式，即是，如果两个人在其所有所谓爱的偏性上都是相反相成的，爱便达到最高度。

八一

何谓合理？

什么是理？

岂但公有公的理，婆有婆的理，其实凡是一套成套的东西，岂不都有它的理？

常所谓理者，不过开初的假定罢了。

八二

人常常要求安慰。可怜亦复可哂。

什么是安慰？

慰者伪也。

懂得伪的意义，便可以得到安慰了。

实在说，以伪为真，也就是大客观的一种办法。

平常客观只知真之为真。其实也常只是说说，未必真能得到。

唯大客观者乃知伪在真中的地位，乃不只以为伪而抹杀之。

八三

在社会做人，有二事也是极不可忽的。一，承认自己也可以错；二，承认别人也许会对。

承认自己可以错，乃可以改进。

承认别人也许对，乃容得下异己，而可以免掉一些过分而无谓的纷争。

二事都有赖于反省，但必须是客观的反省。

反省乃知有己。

客观的反省乃知己之不足，己并非唯一的东西，己以外的也各有其己。

八四

乱世急务之一是正名。

此所以同为孔子与苏格拉谛所愿从事。

正名与客观也是相关联的。

方法上的客观，本在：是什么就认识为什么。

正名所图则在：名为什么便应当是什么，真是什么乃名为什么。

不然者，君不君，臣不臣，……本不是匪而名为匪，不是乱而名为乱，而剿之。结果如何？

八五

人生有意义么？整个宇宙的归宿是什么？

这都是玄学的问题。这都是离开了实践，不得解决的经师问题。

在日常生活之中，对于这些，尽可以不问。

但是既已为人，却有人的事业。

在现在世界里，更下者不论，至少仍有两事是与人的事业违反的。

科学就令还幼稚，就令今日的科学还没有坚固的基础，但是就利用今日的科学，所成就的器用设备，人类已很可以过得快活的日子了。然而今日的世界里，不论穷的地方，富的地方，却几乎全在闹饥荒！

知识的力量，近代越益显明了。但是历来有知识的，能够增加知识的，却是止于少数。而有知识的与没有知识的，能够增加知识的与不能够增加知识的，一般言之，也初非根本上有什么差异。没有者，不能者，并非天生应该没有，应该不能。那么，如果人人都有知识，都能增加知识了，人类岂不更可以过为快活的日子？然而现在知识却仍限于少数人！

改变这种情形便是今日的事业。

便只从极和平的观点出发，现在的人也都应以尽力于这种人的事业为必不容逃的责任。

这种人的事业也就是仁的事业。

但是不拘怎样好的名子，无实都是无用的，要有用必有待于实践，要使有与没有不同必有待于实践。

八六

近人常倡以"物的管理"代"人的统治"。

这也是趋向客观的一个有力表示。

八七

"一旦吾知道了怎么死，则吾也将晓得怎么生。"这是博学多艺的勒翁拿都（李翁奈，Leonado da Vinci，达·芬奇）一句极可思的名言。

八八

不拘怎样精审沉静地弄极抽象的学问的人也将不免受时代的影响，博老德便是最近的一个显例。他虽住在崇闳的金字塔里，但于时代的变动都已味之甚亲。

时代影响学者，由此影响转而影响其学问。

时代的影响抽象的学问，一在学者注意的方面，二在问题与方法的选择。

变动的时代斯生变动的科学。御变动的时代与变动的科学，斯需变动的方法。此现在唯物辩证之法之所以最为贵。

唯物辩证法即是实法，承认实在、接近现实、注重实践、研究事实、解决实际问题，自当唯它是赖。

八九

人亦不思而已，思则必于现状难安。

但思也不可以过，过思必且耽于思而遗行。

九十　方法

有一种新学说，必先有一种新方法。

因为实践总先于理论，而方法即实践之所循。

对于所谓所循，或者不免误会。详言之，应说，方法是就一种材料，所循以达到一种目的者，譬如解决一个问题。

方法欧字 methode 源于希腊 methodos，乃由 meta 与 odos 合而成。前者此言后，后者此言路，故谊即循路。

中国称方法亦曰途术，曰道，与此颇若合符。

日本西京哲家田边元于其哲学通论，释此说，方法即从由之可以达到目的之道而行之意，也即计划的进行之谓。

仿此，当也可说，方法即计划的实践。

关于方法有三点最宜注意。

一，方法背后总有假定，方法之上更有态度。

科学法总认现象是可分离的，便是其假定。

科学法，客观如实，不畏强御，不管传统，便是其态度。

方法既有假定，故方法可说不是中立的。一方法之所得虽不必与其假定相同，总与其假定在一条线中。

二，方法不但与其假定不相离，也常为其所要解决的问题所规定。

选择方法，宜看问题。

所处理的如不是一种问题，正不妨不用一种的方法。

三，方法固要得结果，结果却可即在方法的实践之中。

希腊哲家有的以为哲学是一种生活方法。如此，能作哲学工夫，便是已达到了这种方法的目的，初不要别有所图。

于此也可知，方法与结果或目的，也是相对的。

又由此而言，用解析法的人能弄清楚了什么，便已足，更不必旁求归宿。

历来所认为可循以得到真如实相的方法，总之不外四种。

一，契证，即直觉。

二，悬想。

三，逻辑解析。

四，验算，详言之，即观察实验测量推算。

此四法中，一与二不同而相近，一亦即神秘法。三与四也不同而相近，四即科学法。

解析与直觉正相反而不能同时并行，但也非不可相辅相成。

解析的假定为多，直觉的假定为一。解析要弄清楚的是分，直觉要觉的是全。

平常常以解析综合相对言，其实那只是一个方法之两面。

至于所谓辩证法，照学之学，术之术之说法，则可说乃是方法的方法。

辩证法的精要在活，在通，在实践，这岂不是一切方法都当遵的条件？

九一

以解析为方法的哲家似乎反对做系统。

其实，系统与解析并不是不相容的。

解析的哲家只是反对轻于做系统，只是反对为了整个的系统，而忽弃了部分的真理。

但解析的最后必然要成系统。

解析乃求清楚，清楚之极致当然即是系统。

解析者乃要就部分的问题作零碎的解决。但如部分问题都解决完成，定然是在系统之中。

解析求实，求最可靠者，求清楚，确切，乃要分明什么是根本，什么是滋乳，及如何以由根本而达滋乳。果能如此，岂有不成系统之理？

哲家之中，重用解析，已始于近代之初，已创用于代嘉德（René Descartes，笛卡尔）。代嘉德所求即在明白清楚。他的方法的四个步骤，是：一，非明白知为真者决不认为真；二，把问题尽量划分；三，由最简循序而渐进于最繁；四，历述周全，勿使有遗失。这自也是一种系统思想。

只是代嘉德的明白清楚不免较偏于心理的，而于名理不足。但其为受数理解析的影响，却与现代之用逻辑解析者无殊。

九二

"宗教是人民的鸦片。"

但是没有一点儿宗教的精神，必然创造不出任什么来。

此所以罗素一生最反者乃是宗教，但却有人说他的行动是"宗教的"，这是不无意义的。

什么是宗教的精神呢？宗教的精神之一点便是把一切生死毁誉等等都置于度外而方行自己之所信。

九三

哲学有党派性，是不容否认的。哲学有民族性，也是不容否认的。

九四

变动时代的人，如要能够生存，最必须是战斗的。

不管这个战斗是马克思列宁所说也罢，还是罗曼·罗兰所说也罢。

九五

罗曼·罗兰呼吁行动。

法西斯党人以行动为其最后的哲学基础。

有的物理家则说"行动是现代物理的一个最根本的物项"。

诚哉！如歌德所引说，"当初是行动。"

没有行动，何从有一切来？

所以罗素也说，快活是要战获的。而"工作之可欲第一特别在其是索然无聊的防制剂"。

而中国的佳言："力行近乎仁。"

"仁者先难而后获。"

九六

现在中国，需要种种。而其中之一必是中国的哲学家。

所谓中国哲学家者，一不是中国哲学史家。

二也不是住在中国的治西洋哲学的人。

三更不是抱残守缺食古不化之伦。

今日中国所最需要的中国的哲学家，必乃是有最新最切实的知识，认识中国哲学的特色精义，而发扬之，而履践之，而参照中国的哲学，而指出中国未来应走之路者。

中国哲学特色之一不在其以天人合一为归，乃尤在其开始即不把天人强为割裂，因此也不强作人生哲学与宇宙论之分。

仁，易，生：是中国哲学中三个最根本紧要的字，而实是一体的。

生生之谓仁。

生生之谓易。

仁者生之仁。

易者生之性。

离仁无生。

离生无易。

离生也何用仁？

离仁，易息。

易息，一切休止。

中国哲学乃有见于易，识生之要，而仁以行之。

中国哲学所见的生活，乃是熙熙融融为其象，而实大刚健为其体。

中国哲学的出发点确在是活的。

中国哲学的言仁，生，易，实深有合乎辩证法，有顺乎大客观。

现在有现在中国所最需要的中国的哲学家么？那便应有以发扬此，更要有以履践此。

九七

在现在还说孔子么？什么孔老二，孔家店，新孔学等等，写来可厌的名子，岂不是已把孔子的信仰都摧毁，都糟踏净尽？

但是一个民族，如果没有它可以纪念的东西，则不但不会长久，也必不值得长久存在。

无论如何，孔子是最可以代表中国的特殊精神的。那么，为什么不应发其精华，而弃其糟粕？而只乃对于过去的误用，徒作幼稚的反动？

复古是不可能的，但是一个民族，如果知道它自己文化上的成就，认识它文化上的代表人物，总可以增加些自信，减少些颓唐奴性。

过去帝王既利用孔子以维持其统治了，那么，今日为什么不可以利用孔子以维持民族的生存？退一步说的话。

治国的必须是政治家。解决问题总要是数量的。非全则无，或者抹杀，或者迷信，或者徘徊，或者狂走，同一样地不对。

今日需要的孔子，自必是这个时代的。

而孔子之恰好，本在他是圣之时者，知道易，知道"逝者如斯夫，不舍昼夜"。

九八

近年的"整理国故"，纵令也有不可没之微功，但终不能不说是近年害得中国学人最苦的一件事。

一固在其把一部分向上的精力不用在大自然或人类社会里

而耗在故纸堆中。

二尤在其把中国本有的东西隐然都认为故的，好像新的只有资本主义文化，帝国主义的东西。

九九

自由在必然之中。

真的自由是必然之自觉。

"了解了使人不能飞的自然律，人乃能造成可资以飞的机器。"

"了解了自然律而承受为行为的规则，人乃可逃脱自然律的规定。"

同样，知道自己的无知，乃始真知。

相忘，忘情，乃达于情之极致。.

一〇〇

辩证法第一要义，如前常说，乃在于活。

第二，辩证法乃认：变者不变，而不变者变。

第三，辩证法也可如字释，即由辩而证之义，而证者有成义，登义，固外仅一静的合而已。

第四，辩证法所谓正与反，也有三可说。

一者，正反是相对的。相反相成。对立统一。正含孕反，反中也有正。

二者，正反非平置的。反乃否定正，而也非静的否定。反乃扬弃（奥伏赫变，德语 aufheben 的音译）正：弃之，持之，扬之。"否定乃是一定的否定"。否定乃同是肯定。是故否定的否定已既在否定之中。

三者，正与反既是矛盾的，矛盾必动。相成，统一，否定，扬弃，都是动的，都在过程之中，也都即是过程。且也无不是过程者。而辩证法便是变动过程的情形。

"方法"在人，则如黑格尔说，"乃是对于逻辑内容的内在自发的运动所取形式之觉识"。

一〇一

据故传，孔子自以忍为仁之反。

苟如此，并知仁非只是消极的，于仁之义也可以思过半已。

一〇二

人罕愿受骗。

人也罕不愿受骗。

谓一女子说，你貌美，或你很年轻，罕不蕴喜于心。

谓一男子说，你很有才能，你很能干，也罕或愠见于色。

一〇三

人常愿自居于过。

即如人之自谦，岂不是愿人之说其错了？

一〇四

天下之美名罕不为人所利用。

何以故？

以其为美名故。

一〇五

有能而好事者罕不丛怨于身。

有能本当见忌。

好事自更来怨。

有能，好事，又强直，而复不居其位者，其丛怨必更甚已。

人之不愿人为之谋，社会之不容贤者，概如是。

一〇六

常人之争利盖无所不用其极。

悲哉！天下之以产业遗其子女者。在己辛勤，在人足成攘夺之机也！

一〇七

天下最难，莫过于分寸。

天下事常是太多不好，太少不好，所要者分寸而已。

人不可太糊涂，亦不可太明白，明白糊涂之间存乎分寸。

真善是无甚意义的。人之所求，不过于美。什么是美？亦深浅适度，合乎分寸而已。

美属于情。美之来又在于节情。节情即是理，即是义，即是仁，即是智。

罗素尝言，科学法总是数量的。"数量的"，亦分寸之谓也。

所谓火候，所谓恰好，所谓和，所谓执两用中，何一非分寸之义？

于此又可悟辩证法之要。天下事常非一端，常非一方面。故须执两用中，对立统一，而使相反者相成。

分寸上亦常更须分寸。礼本言行之节文，恐其过故又乐以和之。

天下皆合分寸，天下亦无复问题已。

一〇八

中国之唁人者，常用顺变二字。

盛哉言也！此实表示中国人之宇宙人生哲学。

人果能一切顺变，尚何有于艰难？

一〇九

有所不为而后可以有为。

现在人之所患即在不知所不为，因亦不能有为。

人应自省，生于宇宙之中，能若干年，而乃不知所慎择也？

悲哉，人之往而不知返也。

更悲哉，人常虽欲有所择而不能也！

"知己知彼，百战百胜"。于人生亦然。

然而谈何容易。

一一〇

以分寸，以顺变，以有不为而言，人之所要均在知它。亦即茀罗乙德所谓实在原理，或罗素所谓强直的实在之感。

一一一

人常喜望望月。其实一人独自逍遥于暗夜疏林之中，未尝不别有幽趣。远眺不可及的明星，宜更可使人心思崇高，默感穹苍之辽大。我最喜欢怪僻而不为庸俗了解之人。鼎鼎大名万众捧拥者，我且视为无物。每遇荒野一颗松孤，辄为悠然忻悦，亦以其特有独趣也。

一一二

天下最可憎者莫过于法利赛人，隐然以卫护世道人心自居，而其所最注意于人的乃常在那最不值得注意的男女关系。

一一三

人何不想想一生只有几十年？何必这样作伪？何取这样怯懦？何不率真而行，何不挺然特立？大不了不过一死。但世间多一个率真特立之人，至少也给世间多留一分真意。毁誉等等不过强者制服弱者之具，轮回转生更属渺茫无稽之谈。但凭了

却一生，何用多所顾忌？"畏首畏尾，身其余几"？勿长令知
阿真尼白昼秉烛，走遍雅典城，而寻不见一人也！

一一四

不能创作者未必不能批评。

不能饰伪者未必看不穿饰伪。

一一五

中国人现在是太自谦了。几乎时时刻刻都对着自己咒骂。

自谦固可以得着进益，如其精力犹强的话。

但如其已既老衰，亦唯有从此为奴而已！

一一六

中国现在大患之一在：几乎人人都知自责而却不知改。

因此现在中国人所最应做的事之一，仍同于阿斗，即，
"勿以善小而不为，勿以恶小而为之"。

一一七

今日文学三要素：道出劳动者的疾苦，与以希望，而更提

高其美趣。

一一八

化城市于乡村诚当是文明进化趋向之一。世间多少天趣为城市晏起之人失去！

一一九

常言"文人无行"，这在一个意义固是冤枉，在另一个意义却是对的。

阮嗣宗（阮籍）尝言，礼非为我辈设。

文人自重在文，岂可以道学先生视之？

文人又常是天人，又岂可以世俗常情来论？

一二〇

快活在于活得快。

活得快时必有所忘。

快活实尤在于忘。

忘时必有合。

快活更在于合。

是故天人合一常为许多哲家之最后归宿。

美是一切事理的标准。

而忘为人生最大目的。

柏格森说，要活不得不有所忘。

岂但如此，要快活便更不得不有所忘。

一二一

英雄气概〔慨〕。

儿女心肠。

一二二

知道一切，恕宥一切。

忘了一切，乃得一切。

一二三

失望由于有所望。

不使希望过当便是自制与忍受的最大意义。

而希望不至过当在于知己知彼，明我识物。

换言之，即是要大客观。

一二四

只问耕耘，不问收获，自是很好的勉励人的理想的说话。

说"播了种一定会有收获，用了力决不至于白费"，更进一步了。

但是你却要留意，勿使你的种子播在石田上。把力用在你的目的的反对方向，你也应小心到你会得到的结果。

一二五

有的人是要日进有功的。有的人则翔而后果。这或者也是改良者与革命者的一个分点。

过者皆不当。

一二六

中国的出路：

一，甘心为奴。

此又有二。

一．一，甘心为奴，种亡后已。

一．二，甘心为奴，一心慕外。

此也非一，因为外已非一。但总之，主张这个的，总是女性的，因为女心向外。

二，还想做主人。

如此，无论如何，总要在自己身上找出点可以自信的东西来，以图自立。

假使中国人都但以模仿为能，中国早晚是会亡的。否则中国人也许会全变成猴子。

在自己身上只看见好处，与在自己身上只看见坏处，是同样不合理的态度。

两种文明不同是常常不能并比的，也是论世者必不可不知之一义。

总感觉着自己不好，未尝不是一个可教的好孩子。但是中国人，就止于孩子就算了么？

无论如何，今日不只是一个只感觉着自己不好就可以了事的。

一二七

人不逢敌人则退。

文明不逢敌文明则衰。

中国现在是逢着强有力的敌文明了。还是投降，还是打平等的交代，决定夫岂在远？

一二八

中国现在最需要的是成年态度。

成年人者先审察自己的可能，确知自己的欠缺，然后采取他人之所长，以相补益。岂是漠漠忽忽地只想把别人家的东西都搬来便可以成功大吉？

一二九

科学是客观的，所以人人都可采用。

普通所采用的科学，其实都是器或技，器或技本来是人人都可采用的。

但是科学虽能，并不是万能（至少在今日），采用了科学便可挽救了一切，现在的天下也还没有这样便宜事。

一三〇

社会的根本问题在于群与己。

学问的根本问题在于全与分。

科学是出于分的。这也是谈采用科学者之所宜注意。

一三一

"概然是人生的指南"。因为人生只是一场赌博。

一三二

人生,从一方面看,也忒可怜;从另一方面,又够壮烈。

这种情形,在理论上最见得清楚。

茧茧者不论,舍茧茧而有所疑问,又能得个什么回答?

譬如人生目的,究竟是个什么?恐怕大概是没有什么的,除了生的本身以外。人生又究竟应当怎样?也是从来没有个定论。

人生直是瞎子行路,走着看罢了。谁能保着脚下没有危险?谁能保着没有天外飞来的横祸?

顶多也不过一厢情愿地说"大概不会"罢了。

人生实在是一个冒险。

在理论上,凡是所谓确凿可靠的理论,如演绎的系统之类,其实不过是些"戏论",或下棋一类的玩艺儿。而日常生活行动以及直接利用的科学，其基础，在理论上认真来说，又总不过一个"概然"，假使不然，也只是戏造的假定。

所以，就理论而言，人之所为，不是搬弄戏论，便是实无把握。

但是这种莫名所以、无可如何的生活中，人却更弄出些什么宗教，道德，法律，战争来，以自欺自害！

不过，在这种莫名所以、无可奈何的生活中，可歌可泣的事确也是有的。所以从另一方面看，也不能不叹为壮烈。

就好的说，也许人生最后就只是一个歌泣！

"只问耕耘，不问收获"，也许是一个可采的做法。

更简单言之，人生不过一出悲壮戏。便希望每一个人都做得成一个悲壮的角色！

一三三

死了的人常是好的，因其已与人无争了。然而在曾同作不知归宿的冬夜远征的意义上，或者也不无些同舟共难之感罢！

一三四

身站在十字街头，一方心怀望远镜里之所见，一方目视着眼前的种种：南来的，北往的，东驰的，西奔的，熙熙攘攘，喊喊叫叫。

呵！一个滚滚不息的蕞尔小球儿上的些蠕蠕的，莫知所归，奋臂而斗的些小走虫！

这便是人生的真相。极人生之所能为，不过变些戏法。

"戏法人人会变，各有巧妙不同"罢了。

但这犹是好的。

一三五

红颜薄命。

未必红颜便薄命。

也许薄命才红颜。

一三六

科学起于有所迷信。

但科学却反迷信。

* * *

科学是抽象的。

但科学却志在具体。

＊ ＊ ＊

非抽象不足以御具体，也是相反相成之一义。

一三七

"大众语"。

什么是"大众语"？大众语必是达出大众的意思的。

字面云云，末节而已。

大众的意思岂是某一部分人所看得见的东西？

勿徒令所谓大众只成了少数知识分子，又厚诬了其本来的主人！

一三八

有三种学问在现在中国不发达，最可怪。

一为算数，二为天文，三是心理。

一，算数在中国历史上本是比较有个样子的一种学问。在现在世界上也还是最发达的学问。在许多国度里都盛得厉害，但由刊物便可晓得。但它近年在中国却消沉得可怪。

算数本是最严整的系统，又是许许多利用的最后基础。

算数又特别与玩艺儿为近。但凡是性喜玩它的人，但令玩下去，一定会玩出些新花样来。

不幸中国生路太窄了，乃这样稀少好玩的人！

但是算数又是科学法的一个根本成分。

没有算数，科学如何能够发达？

没有算数的风习，如何能够有科学的脾气，科学的精神？讨论起问题来（如新近新旧医之争），如何能过去，现实，理想，面面俱到，分析条理；而不一塌糊涂？

所谓头脑不清楚，实非算数风行不能治之。

二，天文。中国本来也未尝不重视推步，就令只是为的农事。现在仍然是以农立国，然而天文却再也发达不起来！在现在中国以外的世界上，差不多天天有关于天文的新说，都是那样地新奇可喜。何以中国人竟不好奇？何以中国人竟不思立异？

以农立国而不重天文，就令没帝国主义来吸血，也何能阻农事的日坏？

天文又是引人寄怀高达的。天文不发达，又怎怪许多中国知识分子心思的狭隘？

三，心理学固然还是一种新学问，还没很走进了道路。但是实用却也是很有的了。然而中国却还不大知道利用之。

没有心理学，何以知人？没有心理学，何以用人？用乃成材，不知人，不知用人，又何怪中国这样地缺乏人才？

人才不仅仅是教出来的，人才乃尤是用出来的。

中国人这样轻视孩子的教育，一个原因岂不在太不重视，太不懂得孩子的心理？

在近年中国以外的世界上，对于儿童的研究，教育的新原理新技术，也是天天有着新发展。然而中国新进的做父母的对待他们的孩子却仍然是因仍故常，仅凭她过去偶然知道的一点点，或则仍只是但以所受的给人。

子平相术在中国太发达了。不发达心理学以求知人，这也许是其一因。

似乎中国连新意思的所谓性也衰了。试看特别关系性而为新心理学的一种的心解（心理分析），自从本世纪初成立以来在欧美是那样的流行，它解人的深心理常是那样的有谓，而在中国都也只是淡然视之。

* * *

好像中国近年最发达的学问只有地质与考古。这总该不是象征的自掘坟墓与走回头路，或者中国已成希腊罗马了，只堪供考古家的研究！

但是中国人之好向故纸堆钻，进而至于向地里头钻，总恐是不能隐讳的事实。

而其所以如此，算数不发达，人之就易，总不能不说是一因。

实在，核实而言，有的学问在现在中国比较发达，有的不发达，除生活紧迫，就近舍远，民族衰弱，不胜艰巨外，至少另一个显然的原因，不能不说是人的问题。

难道这也是"上有好者，下必有甚焉者"，人存则政举么？

一三九

知识的第一步是"于异见同"。

知识的第二步却是"于同见异"。

数理逻辑所从事，逻辑解析之成绩，特于此。

但于异见同不但属于知识，也并属于美感。

王勃"落霞与孤鹜齐飞，秋水共长天一色"两句流传人口的话，其所以为美，即在在人人与知而却不很留意的地方，在异中看出同来。待他一说出，便人人感觉自然现成，不觉手舞足蹈。

所谓"文章本天成，妙手偶得之"，得什么？也不过在樊然淆乱中得出现成自然的联系结构罢了。

所谓"会心",一固在得心与物之同,但亦在见出物与物之同来。

假使众音只异而不见其同,恐怕也就奏不出和乐来了。

所谓谐和,岂不就在使人于异中感出同来?

此所以毕达哥拉家(Pythagoras,毕达哥拉斯)说,谐和是"多中之一","不和之合"。

一四〇

人不必出世,但不可无世外之习,勉立于人间利害得失之外。如此,乃能见小儿女燕燕昵语,但有为之忻喜而不必美拓。遇惨苦之事亦可知其当然,而不过于牵怀。

人固不可不以天下为己任。但过分操虑,过于觉着舍我其谁,使得心焦神腐,于事于己亦只有两害而无所裨。

人如总觉着自己一举一动均足以惊天动地,自然之趣固失,其劳恐亦已甚矣。

此盖即罗素所称之"resignation"之一义罢?噫!

一四一 负的发生

逻辑如不止一类,但不拘那一类的逻辑必少不了非,或负，或否定。

如斯辟诺萨说，"限定就是否定"。

但在实在自然界里盖只有正负相反之势，而于实无负。

负的发生盖在言语。

言语何以必须有负？

一因，言语不能不有个标准，不合此标准的便是非或负了。

二因，言语不能不有所分别，是彼而不是此的便是非或负了。

三因，言语总不免是部分的，不属于此部分的便也同样是非或负了。

否定是非或负之动。

否定者不外乎否定什么不合乎此，不是此，不属于此，或显出正负相反之势罢了。

而且，更谛而观之：既有一个大自然摆在这儿，而人对它有所云云，当然便已有非或负了。是则自然虽只是是，只是正，而非或负已含于是或正之中。

一四二

多年来体得的一个最根本的人生智，一个实践的知识，一个智慧，便是"汰太"。

为什么许多人都说，"文章是自家的好，太太是人家的好"？

一个救治这句话的后半截的方法也同样在汰太。

太太总是太好了，所以才反而觉着人家的好。

（好奇，占有，站在这山看着那山高的习性不论。）

人应相亲，但却又要保持着相当的距离。

一四三 一个希望

我希望造一个新民族。

这个民族的主要特色乃是坚实。

换言之，就是壮健。

再换言之，就是率直。

用一个字来表示，就是刚。

尤可以说，就是实。

反过来说，就是不怕，无畏。

既不怕权威，也不畏传统。更不怕苦畏难，不敢面对现实。

这个民族一定是不怕什么难的。尤其越是难的事越爱做。这才见出它的坚实壮健率直刚的特色。

举一个实例说。

假使这个民族须学外国文的话，那它一定学俄文。

为什么？就是因为俄文比什么英文日文都较难的缘故。

学了俄文要看书，一定就看马克思《资本论》一类的著作。

为什么？也就是因为那是几乎使得人人望洋兴叹的著作。

这个民族一定好奇，好立异：由此也可见它有生气，有活力。

在文学科学之间，这个民族一定是喜欢科学的。

为什么？就因为科学较难的缘故。

把难的克服了，才有个意思。软拉骨肌的可有个什么？

如讲哲学，这个民族一定采取唯物论，因那究有点子质直的意思。至于所谓唯心论，说比方话，简直乃是"雌性的"哲学，也就是"下劣结"过盛者的一种白日梦。

罗素的为人知的金字塔的"算理"，不是曾被视为天书么？那它便也一定为我希望的民族所喜欢。

这个民族必把一切都弄得落地有声，而不以小巧取悦。

这个民族一定不但客观而更能大客观，不但消极地客观地认是者为是，更能积极地尽主观的力量，有所作为。

附：重印《所思》序

吾兄申府的著作《所思》，初版刊于一九三一年（神州国光社出版，后来大江书铺再版），到一九三三年至三四年，在《大公报·世界思潮副刊》上又刊布了《续所思》。现在将《所思》和《续所思》编为一书，仍称《所思》。这次重编之时，删去了少量的冗词赘句，绝大部分的文字无所改动。原版《所思》后边附载了《文明或文化》等几篇文章，其中大部分已编入《张申府学术论文集》，就不载入此册了。三联书店编辑部决定重刊《所思》，这种发扬学术的盛意，是令人感佩的。

在《所思》和《续所思》中，作者谈论了对于许多哲学问题的看法，主要有四个方面：一是阐述了罗素哲学的要义，特别是罗素的"中立一元论"观点；二是谈论了二十年代自然科学的新学说对于哲学的影响；三是肯定了孔子的仁的学说，认为仁的要旨是通，仁是中国古代哲学的精华；四是阐述了唯物主义辩证法的要点。当时作者曾将辩证法译为对裁法，后来也采用约定俗成的辩证法一词了。罗素是新实在论哲学家，强调逻辑分析法。逻辑分析法与辩证法有显著的不同。本书则企图将辩证法与逻辑分析法兼综起来。孔子的仁是古代哲学的重要范畴，此书则予以新的解释，肯定其重要价值。

这样把唯物主义辩证法与新实在论的逻辑分析法和孔子的仁学相提并论，是否显得驳杂呢？我认为这里关涉到哲学研究的一个重要的方法论问题。对于古今中外各种不同的哲学学说，应该如何看待呢？无原则地兼容并蓄当然是不对的；有原则地博采众长却还有一定的必要。至少在三十年代的历史条件下，这样的广泛论述当时世界的新思潮，是有重要意义的，反映了当时哲学界的进步趋向。

时间过了半个世纪，现在再来重阅这些历史文献，可以对三十年代的哲学界的实际情况有比较深入的理解。

张岱年序于北京大学

一九八五年九月二日

译名对照表

阿剌伯——阿拉伯

爱丁顿（Arthur Stanley Eddington，1882—1944）

安东大帝玛古奥黎——马可·奥勒留（Marcus Antoninus Aure-
lius，121—180）

安那头尔法兰西——阿纳托尔·法朗士（Anatole France，
1844—1924）

安斯坦——爱因斯坦（Albert Einstein，1879—1955）

唵披铎黎——恩培多克勒（Empedokles，495—435BC?）

奥德嘉——嘉塞（José Ortega y Gasset，1883—1955）

巴夫洛夫——巴甫洛夫（Ivan Petrovich Pavlov，1849—1936）

巴斯噶——帕斯卡尔（Blaise Pascal，1623—1662）

百提——罗素（Bertrand Arthur William Russell，1872—1970）之昵称

柏格森——伯格森（Henri Bergson，1859—1941）

柏克雷——贝克莱（George Berkeley，1685—1753）

邦嘉雷——彭加勒（Henri Poincare，1854—1912）

闭他卧刺、毕达哥拉、毕达哥拉家——毕达哥拉斯（Pythago-ras，580—500BC？）

波罗达哥拉——普罗泰戈拉（Protagoras，481—411BC？）

伯讷萧——萧伯纳（George Bernard Shaw，1856—1950）

博老德——普拉特（James Bissett Pratt，1875—1944）

薄卡诺——波尔查诺（Bernhard Bolzano，1781—1848）

卜赖德雷——布拉德雷（Francis Herbert Bradley，1846—1924）

卜赖兹维提——布莱特怀特（Rechard B. Braithwaite，1900—1990）

卜罗诺——布鲁诺（Giordano Bruno，1548—1600）

布腊里·佛提——布拉里-福蒂（C. Burali-Forti）

长虹——高长虹（1898—?）

陈伯玉——陈子昂（661—702）

楚里西——苏黎世（Zürich）

《大旅馆》——《大饭店》（*Grand Hotel*）

代嘉德——笛卡尔（René Descartes，1596—1660）

代塞忒——德西特（Willem de Sitter，1872—1934）

戴东原——戴震（1723—1777）

德谟颉利图——德莫克利特（Democritus，460—370BC？）

登肯——邓肯（Isadora Duncan，1878—1927）

邓农雪乌——邓南遮（Casa Museo di Gabriele d'Annunzio，1863—1938）

迭薄林——德波林（Abram Moiseevich Deborin，1881—1963）

多玛士——托马斯·阿奎那（Thomas Aquinas，1224—1274）

额拉吉来图——赫拉克利特（Heracleitus，540—475BC？）

芳济倍根——弗朗西斯·培根（Francis Bacon，1561—1626）

斐希特——费希特（Johann Gottlieb Fichte，1762—1814）

佛勒格——弗雷格（Gottlob Frege，1848—1927）

莆罗乙德——弗洛伊德（Sigmund Freud，1856—1939）

葛乐思——葛兰西（Antonio Gramsci，1891—1937）

怀老、怀惕黑——怀特海（Alfred North Whitehead，1861—1947）

霍布士——霍布斯（Thomas Hobbes，1588—1679）

嘉波——嘉宝（Greta Garbo，1905—1990）

伽离略——伽利略（Galileo Galilei，1564—1642）

柯罗契——克罗齐（Benedetto Croce，1866—1952）

《空间时间与摄引》——《空间、时间与引力》

腊谟塞——拉姆齐（Frank Plumpton Ramsey，1903—1930）

来本之——莱布尼茨（Gottfried Wilhelm Leibniz，1646—1716）

勒翁拿都（李翁奈）——达·芬奇（Leonado da Vinci，1452—1519）

楞卜罗诹——龙勃罗梭或伦布罗佐（Cesare Lombroso，1836—1909）

立鼻兜——力比多（libido）

罗萨卢格森堡——罗莎·卢森堡（Rosa Luxemburg，1871—1919）

罗哲儿倍根——罗杰尔·培根（Roger Bacon，1214—1294?）

马克斯威尔——麦克斯维尔（James Clerk Maxwell，1831—1879）

马奇维里——马基雅维里（Niccolò Machiavelli，1469—1527）

马卓客斯模——受虐狂（masochism）

蒙台歌——蒙塔古（William Pepperel Montague，1873—1953）

孟太枭——蒙田（Michel de Montaigne，1533—1592）

《名理论》——《逻辑哲学论》（*Logisch-Philosophische Abhandlung*）

摩诃末——穆罕默德（Mohammed，570—632）

莫索里尼——墨索里尼（Benito Mussolini，1883—1945）

那罗什浮谷公——拉罗什富科（La Rochefoucald，1613—1680）

那赛斯斯模——自恋（narcissism）

奈端——牛顿（Issac Newton，1642—1727）

淖尔道——诺尔道（Max Nordau，1849—1923）

诺娃利史——诺瓦利斯（Novalis，1772—1801，本名 Friedrich von Hardenberg）

欧坎——奥康姆（William Ockham，1285—1350?）

培黎——培里或佩里（Ralph Barton Perry，1876—1957）

蒲兰克——普朗克（Max Planck，1858—1947）

稘——世纪

《人生之跳着玩》——《生命之舞》（*The Dance of Life*）

儒伯——儒贝尔（Joseph Joubert，1754—1824）

阮嗣宗——阮籍（210—263）

若望尼构——琼·尼科迪（Jean Nicod，1893—1924）

萨地斯模——虐待狂（sadism）

桑陀耶那——桑塔耶那（George Santayana，1863—1952）

邵康节——邵雍（1011—1077）

蛇斐——谢佛（Henry M. Sheffer，1883—1964）

舍林格——谢林（Friedrich Wilhelm Joseph von Schelling，1775—1854）

摄引——引力（gravitation）

《数理》——《数学原理》（*Principle Mathematica*）

《数理相对论》——《相对论的数学基础》

《数学纪录》——《数学年报》（*Mathematische Annalen*）。
俞大维的这篇论文发表在该刊 1926 年第 95 卷上，题为《类演算之基础》（"Zur Grundlegung des Klassenkalkuels"）。

斯辟诺萨——斯宾诺莎（Benedictus de Spinoza，1632—1677）

斯密——史密斯（David Eugene Smith，1860—1944）

苏格拉谛、苏格拉蒂——苏格拉底（Socrates，469—399BC）

苏妮古洼烈夫斯基——柯瓦列芙斯卡娅（Sofia Kovaleskaya，1850—1891）

《算理》——《数学原理》（*Principle Mathematica*）

太利史——泰勒斯（Thales，624—546BC？）

崴尔——外尔（Hermann Klaus Hugo Weyl，1885—1955）

崴凝格——魏宁格（Otto Weininger, 1880—1903）

威尔士——威尔斯（Hebert George Wells, 1866—1946）

威尔斯——威尔士（Wales）

维特根什坦——维特根斯坦（Wittgenstein, 1889—1951）

温池·勒翁拿都——达·芬奇（Leonado da Vinci, 1452—1519）

涡岑——华生（John B. Watson, 1878—1958）

《我所信》——《我的信仰》（*What I Believe*）

《吾的一生》——《我的一生》或《邓肯自传》（*My Life*）

吴敬恒——吴稚晖（1865—1953）

《物之解析》——《物的分析》（*The Analysis of Matter*）

希伯德——希尔伯特（David Hilbert, 1862—1943）

《心》——《心灵》（*Mind*）

《星星与原子》——《恒星与原子》

严几道——严复（1854—1921）

杨椒山——杨继盛（1516—1555）

耶芳斯——杰文斯（William Stanly Jevons, 1835—1882）

伊萨朵拉邓肯——伊莎多拉·邓肯（Isadora Duncan, 1878—1927）

詹美士——詹姆士（William James, 1842—1910）

生活·讀書·新知 三联书店陆续刊行